小さな会社で本当にあった心に染みる奇跡の物語

畑中弘子

Hiroko Hatanaka

現代書林

推薦のことば

アチーブメント株式会社 代表取締役社長
アチーブメントグループ 最高経営責任者（CEO）
青木 仁志

「人生の目的が変われば人生の質が変わる」

この言葉は、私が31年間続けてきた人材教育の本質に据えている考え方です。

「誰のために、何のために、なぜ、あなたは生きているのですか？」――この問いに対して明確な答えを持つことができれば、間違いなく充実した人生を送ることができるでしょう。この本に登場する健康住宅さんの7名の社員の方々は、まさに健康住宅株式会社さんとの出会いによって、人生に目的を見出し、働きがいや生きがいを手にし、幸せな生き方を確立されてこられた方々だと思います。

それは、健康住宅さんという会社が、規模の拡大や利潤を得ることを目的にするのではなく、縁ある人を幸せにすることを目的とした経営を追求してきたからこそ、なし得たことであると思います。

「どうしたらもっと社員を幸せにできるか」、「どうしたらもっとお客様に喜んでもらえるか」、「どうしたらもっと社会に役立つ会社にできるか」を、どこまでも追い求める経営をしようという畑中直社長と畑中弘子専務の努力とこだわりの結果と言って良いでしょう。

経営において大切なことは「理と利の統合」を行うことです。「理」とは、理念・真理・理想の理であり、縁ある人々を幸せにするという組織の存在意義を果たすことです。「利」とは、利潤・営利・利益のことであり、提供したサービスの対価として健全な経済的豊かさを追求することです。この2つを両立させている状態こそが、良い経営に求められることですが、健康住宅という企業はまさにそれを実現されておられる企業体だと思います。

そして、偶然の産物ではなく、動機善の志を持ち、会社に縁ある人の一人ひとりを大切にして、たくさんの取り組みをされてこられたことで、現在の繁栄を創り出しているということが本書の中で確認できるでしょう。

良書との出会い、良質な情報との出会いは、人生を根本から変えるときがあります。一人でも多くの方々がこの著書と出会うことによって、豊かで充実した人生を生きるきっかけを手にされることを切に願っております。

はじめに

畑中 弘子

最初に、この本を手にしていただきありがとうございます。

私がこの本を書こうと思ったのには理由があります。世の中には、有名な社長の成功体験談を書いた本はたくさんありますが、その社長を支えがんばった社員さんのお話は数少なく、あったとしても、ほんのひと握りの腹心の社員さんのお話が出てくるくらいです。

私はもっと身近な、一般の会社で働く社員さん一人ひとりにフォーカスを当て、会社を懸命に支え、家族を支え、自分を犠牲にしながらも必死にがんばっている姿……それをもっと知ってほしいと思い、この本を書くことにしました。

まず、お話に出てくる社員さんの家族、そして会社の仲間に読んでほしい。それから、ご縁のあるお客さまや取引会社のみなさまにも読んでいただき、会社を支える社員さんの姿やその想いを知っていただきたいと思いました。

みなさんの家族もきっと、外で大変な想いをしているはずです。懸命に働き、つらくてもきつくても、笑顔で家に帰ってくるお父さんやお母さん、そしてそれを待つ子どもたち。相手に寄り添える、少しでもまわりに優しい気持ちになれる本があればと、精一杯の気持ちで書きました。

この本を読み終えたとき、社長さんはもっと社員さんにやさしくなれます。

この本を読み終えたとき、社員さんはもっとご自分をほめてあげられます。

この本を読み終えたとき、ご家族の方は働くお父さん、お母さんに感謝したくなります。

私はそんな願いを込めてひと文字ひと文字を書きつづったつもりです。どうぞ最後までお読みいただければ幸いです。

2019年3月

目次

Story 1

63歳、自分をほめてあげたい

時任義一さんは、現在63歳。現場監督です。

弊社には、前の会社が倒産し、その工事を引き続き担当するために入社してもらいました。担当する現場に責任を持ち、自分の会社が倒産した後も、お客様のために猛暑の日も、極寒の日も、現場にこまめに顔を出し、お客様に安心感を与えることを常に考えているような、そんな現場監督さんです。

弊社に入社した理由は、

「自分の担当したお客様には絶対に幸せになっていただきたい」

という思いだけだったそうです。〝信念〟という言葉が、行動言語に現れているような、そんな一本筋の入った方です。

以前の時任さんを知る人たちは、「昔は怖かった」と口を揃えて言います。

しかし、現在の時任さんはとてもやさしく、女子社員にも人気があり、怖いとは誰も言いません。

時任さんは、年下に対しても、いつも礼儀正しく、電話ではいつも、

「お疲れさま」ではなく、

「いつもありがとうございます。時任です。〇〇さん、お願いいたします」といった感じで会社に電話をかけてきます。

不思議に感じた私は、時任さんに理由を尋ねてみました。

時任さんは「会社の方にいつも支えてもらってますので、『ありがとうございます』というようにしているんです」とおっしゃいました。

誰に対しても、気遣いと礼儀を忘れないからこそ、時任さんは人気者なのだと私は思います。

笑顔も素敵なダンディなリチャード・ギアのような方です。

昔は怖かったという人が、なぜこんなに変わることができたのか、私以外の社員さんたちも興味を持っていました。だからこそ、私は取材させていただきたいと思ったのでした。

いったい何が時任さんを成長させてくれたのか、今から取材した内容をお話ししたいと思います

ここから先は、時任さんに語っていただきます。

ゴミ廃材からいろいろ学べるんだ

私は、建設業界で40年以上働いてきました。高校時代は男子校で、とてもやんちゃでした。やんちゃなまま建設業界に入った私は、口調も態度も厳しいこの業界で、先輩の仕事を見て覚えました。現場では、殴られる、怒鳴られるのは普通のこと、日常茶飯事でした。そんな光景をいつも見ていました。

新入社員のころは現場仕事に携わることもなく、毎日、廃材などを集めては捨てる、という仕事を2年ほどやりました。毎日毎日ゴミ集めばかりなので、さすがに我慢できずに先輩にお願いしました。

「そろそろ現場を見せてくれませんか。仕事を教えてもらえませんか」

先輩は言いました。

「毎日ゴミを集めていて何かわかったか」

このとき、私はその言葉に驚きました。そして反発心が湧きました。

(ゴミ集めで何がわかるっていうんだ)

先輩は私をゴミ捨て場に連れていき、こう言いました。

「いいか、時任。ゴミ廃材からいろいろなことが学べるんだ。この切れ端は何の材木かわかるか。これは何の切れ端かわかるか。これはいったいなんだと思う」

(ゴミ集めの中にもたくさん学べることがあるなんて……。今まで俺は何をやっていたんだ。先輩は、どんなものからでも学ぶことができるということを教えてくれているのか)

この日を境に、私はゴミ箱の廃材をじっくり見るようになり、何の廃材かを考えるようになりました。今までは興味もなかったただのゴミ。しかし、そのゴミの山にこそ自分を成長させてくれるものがたくさん詰まっていることに気がつきました。

ゴミの中から何かを学ぼうという意識が芽生えると、みるみる知識がついてきました。わからないことは先輩にどんどん聞いたり、自分で調べたりもしました。

自分が求めたら求めただけ、いろいろな情報が自分の知識として蓄積されるようになりました。

それからしばらくして、私はやっと現場を見せてもらえることになり、そしてとうとう夢にまで見た現場を持たせてもらえるまで成長しました。

学んだことは盗まれない

しかし、自分が担当になった初めての現場で、私は大失敗をしてしまいました。木造アパートの現場担当になった私は一生懸命働きました。そして、アパートは無事完成し、私は先輩にチェックをお願いしました。

お風呂場をチェックしてもらったときのことでした。

「時任、水を流してみろよ」

先輩が言いました。

(えっ!?　なんでそんなこと言うんだろう)

と思ったとき、排水口がないことに気づきました。

なんと、お風呂場に排水口をつけないで、全面にタイルを貼ってしまったのです。水を流しても水の逃げ場がない風呂場。それも木造アパート4室すべて排水口をつけないまま工事を完了させていたのでした。

（どうしよう。俺は何をやってんだ）

私はどうしたらいいのかわからず、頭の中が真っ白になりました。しかし、先輩は笑顔でこう言いました。

「大丈夫、大丈夫。心配するな」

私は先輩のこの言葉に救われました。そして先輩は失敗した排水口をきちんと直してくれました。そのときほど先輩が頼もしく思えたことはありませんでした。と同時に心から感謝の気持ちでいっぱいになりました。

先輩は、「家づくりで困ったことがあれば、自分の家を建てていると思えばほとんどのことが片づく」と教えてくれました。この言葉は、今でも私の判断基準になっています。

お客さまの家を造るとき、毎日のことに追われてしまい、ついつい仕事が流れ作業的になりそうになります。そんなときこそ、この言葉を思い出し、一軒一軒を自分の家だと思い、真心を込めて建てる、という信念を大事にしようと思っています。

私を指導してくれたその先輩がいつも私に言ってくれた言葉があります。

「時任、会社がお金を出して勉強させてくれる機会があれば、絶対に一生懸命学べよ。資格とか知識とか、学んだことは全部自分自身のものだ。その知識は誰も盗むことができない。スキルがあればどこでだってやっていける。チャンスがあれば進んで学ぶんだぞ」

今でも、先輩のこの言葉を大事にしています。現在63歳ですが、学ぶチャンスがあれば進んで学ぼうと思っています。

今から玄関をぶち壊してやる

20代の私は、本当にやんちゃな若造でした。気性も激しく、仕事のことで週に何回も協力業者の人と言い争いになり、喧嘩ばかりを繰り返す日々でした。そのころの私は、なめられまいと思うあまり、無口で冗談も言わず、尋ねられたことだけに答えるような若造でした。そのせいで、まわりから〝怖い〟と思われていたと思います。生来、人前で話すことが大の苦手で、いつも黙っていました。

短気で無口な私が30代半ばのとき、忘れられない事件が起こりました。それは、もうすぐお客さまに引き渡しをするという戸建て住宅の現場での出来事でした。

営業担当者と大喧嘩してしまったのです。自分は現場監督として、図面どおりに家を造っただけなのに、営業担当から言われたひと言が私を怒らせました。

その営業担当者は、会社でもトップの営業マンでした。口がうまく、口下手な私は口喧嘩してもかなわないような人でした。

「時任さんは、家造りしながら、何も感じないんですか？　この家にこの玄関は似つかわしくないでしょ？　図面どおりに造るなら、誰だってできるんですよ。プロならプロらしく、家のバランス考えてやってくれなきゃだめでしょ？　このスケールの家に、この玄関はおかしいでしょ？　僕がイメージしていたのはこんなんじゃないんですよ。お客様はハイグレードの方なんです。何につけてもバランスってものがあるんです。僕が気がついたから良かったんですよ。お客様でなくて本当に良かった。クレームになる前にやり直してくださいよ。もっと大きなヒサシで、家の大きさにあった玄関にしてくださいよ。デザインとかプロとして助言するのが当たり前でしょ？」

「何言ってんですか。図面どおりにやるのが現場監督ですよ。あんたが打ち合わせしたんでしょ？　自分のイメージと違うからって、いきなりやり直せって言われても、そっちのほうが言っていることおかしいでしょ？　お客様と打ち合わせして、最終的に決まった図面を元に工事をするのが現場監督なんだ」

私は、現場監督は図面どおりに家を造ることが仕事だと思っていたので、営業に言い返しました。

しかし、その営業担当は、私の言っていることに耳も貸さず、自分の言い分だけを押し付けてくるのでした。

「そんなに言うならわかった。やり直せばいいんだろう。今からでも玄関をぶち壊してやり直してやる」

「今からやり直しても間に合わないだろう。それにお客さまが怒るだろう。何言っているんだ」

「そんなの関係ない。クレームになったら、俺の土地でもなんでも売って、俺が買えばいいんだろう。文句あるか」

私は車に飛び乗り、問題の現場に向かい、玄関を壊そうと車を走らせました。幸い、営業担当が先回りし、私は止められました。そのときは本当に壊そうと思っていましたので、止められなければどうなっていたか、今考えるとぞっとします。

初孫の誕生が私を変えた

私が現在のように穏やかに過ごせるようになったのは、52歳のときに初孫が生まれたことが大きいかなって思います。孫ができ、私は正直、孫がこんなにかわいいとは思いませんでした。

それまでは、友人と飲みに行くのが楽しくて、孫ができても俺は変わらないと思っていました。しかし、息子に子どもができ、いざ祖父という立場になった途端、おじいちゃんの気持ちが芽生えてきました。

（孫がこんなにかわいいなんて。これからは孫に恥じない生き方をしたい）

短気だった私は、自分の気性の激しさをもう少しなんとかしたい、と考えるようになりました。

ちょうどそのころ、今の会社に入社しました。勤めていた会社が突然倒産し、これからどうしようというときでした。今の社長が、私のしている現場を引き継いでくれるならということで、そのまま入社させてもらうことになりました。

この会社は能力開発の勉強を積極的に行っていて、研修や勉強会など、学ぶ機会がたくさんありました。

後ほど述べますが、56歳のころに受けた研修で、私は人生を変える価値観を手にすることができました。先輩の教えどおり、私は学べる機会があれば積極的に参加しました。私が手にした価値観は、この先起こる逆境にとても役立ちました。

当たり前のことに感謝

それは妻の体調の異変でした。最初は、妻の仕事のストレスが原因かと思いました。ストレスでうつ病になってしまったのだと思いました。妻は体調が悪くなり、寝ている時間が増えました。

近くの病院で診てもらうと、うつ病と診断されました。私は誰にも相談できず、今までしたことがない家事を全部やることになりました。妻の看病と家事や仕事の両立はとても大変でした。同居の母の面倒も見なくてはならない日々が続きました。

病院に通っていて、薬も飲んでいるのに、妻の病状は日に日に悪くなっていきました。

（俺たち家族はどうなっていくのだろう……）

私は不安でいっぱいになり、国立の大学病院で妻を診てもらおうと決心しました。

大学病院では、心療内科の医師から「うつではなく神経が原因ではないか」と言われ、神経科の病院を紹介されました。すぐに診てもらおうと電話をしましたが、予約がいっぱいですぐには無理と言われました。それでも必死だった私は、予約なしで妻と病院に押しかけました。

神経科の医師は私の必死さをわかってくれ、すぐに診てくれました。その医師の話では、うつではなくパーキンソン病だろうということでした。

さらに、今まで飲んでいた薬が病状を悪化させてパーキンソン病を引き起こす原因になっていたのでは、と言われました。

妻はそれまでの薬の服用をすぐに止め、処方されたパーキンソン病の薬を飲むようになりました。そのおかげで、妻は1か月ほどで快方に向かい、ほとんど寝たきりで日常生活もできなかったのに歩けるようになり、少しずつ日常生活を取り戻せるようになりました。

4年ほど続いた地獄のような生活……。今まで妻の苦労など考えたこともなかった私は反省し、仕事ばかりで妻に何もしてやれなかったことを後悔しました。妻が病気になったことでわかったことは、自分が今までいかにわがままだったかということでした。

当たり前と思っていたことに感謝できるようになったのもこの4年間のおかげ

です。仕事と家事と看病で知った妻の苦労。これからは少しでも妻の体が楽になるようにできるだけ手伝おう。これまで苦労をかけてきた妻のためにも、自分ができることを精一杯やろうと考えられるようになりました。

今は、仕事が終われば、週2回のゴミ捨て、ほぼ毎日夕食の皿洗いをやっています。私ができる家事はどんどん手伝うようになりました。おかげで妻との関係もどんどん良くなっていきました。

今からでもできることを考える

昔は、仕事でうまくいかないことがあれば、何日も悩んだり、頭の切り替えができず、ぐっすりと眠れないことがたくさんありました。

（他人と過去は変えられない。自分と未来は変えられる。過去にとらわれていてはいけない。今からでもできることを考えるんだ）

研修を受けて、思考を切り替えることができるようになったおかげで、眠れない日は減りました。少しずつポジティブな思考を身につけ、それが習慣になっていきました。週に2、3回は大喧嘩していた私は、この思考を手に入れてからすごく楽になりました。悩む時間も減り、ストレスも少なくなりました。

孫の誕生、前の会社の倒産、現在の会社に入社、研修での学び、そして妻の病気……。これらは私の人生を大きく変えました。

今でも仕事で喧嘩になることはありますが、ポジティブ思考になれたおかげか、その喧嘩も年に2、3回にまで減りました。イライラすることもほとんどなくなりました。最初は年のせいかなと思っていましたが、よく考えたら、年を取っても短気な人はたくさんいます。これは新しい価値観を手に入れたおかげだ。逆境は人を成長させてくれるんだ、と心から思いました。

今まで、自分を振り返るということはありませんでした。

今回、私の話を聴きたいと言われ、何があったかなと初めて冷静に自分を振り返りました。

若いころ先輩に言われた「勉強できる機会があれば勉強しろ」という言葉。そのころはこの意味がよくわからなかったのですが、63歳の今ではこの言葉の意味がよくわかるようになりました。

自分の若いころと今では時代がずいぶんと違います。昔は激しく怒られたり、殴られたりと、教えるほうも教えられるほうもそれが当たり前でした。厳しく教えられてきた私たちは、やさしく教えるという技術を知らないし、持っていません。今の若者たちを教育するとき、教え方のギャップをすごく感じる今日このごろです。

私たちの年代は、厳しい教え方しか知らないんです。現在、会社で若い大工を育成しています。60代の熟年の棟梁たちが必死で技術を伝えようとしています。しかし、厳しい口調でしか教えられない私たちは若い大工の卵たちに理解されず、なかなかうまくいきません。しかし、この若者たちを立派な大人にするためには、嫌われても私たち大人がしっかり教育していかなくてはいけないと思います。

人前で話すのが大の苦手

最後に、私が学んで本当に良かったと自分をほめてあげたい出来事があります。

今から5年前、妻の両親、そして妻の兄弟など、親戚全員が集まる機会がありました。なんと妻の家族は全部で77名という大家族になっていました。妻の両親2人から始まった家族は、6人の子どもを育て、そしてその子どもたちが結婚し、孫が生まれ、大家族になっていました。

無口で、人前で話すことが何より苦手な私は、息子2人の結婚式でもスピーチをしたことがありません。しかし、この家族の寄り合いで幹事を指名され、なんとそれを快く引き受けることができました。

身内とはいえ、大勢の前で司会進行をすべてやるとは考えたこともなかったので、私にとってそれはまさに〝挑戦〟でした。旅館に大家族で泊まって、大宴会。司会進行の大役に妻や息子たちはハラハラドキドキだったと思います。

私はそれをすべてやってのけることができました。しかし、なぜそれができたのかを今回じっくりと考えてみました。

今の会社の朝礼では、朝礼で使う冊子の文章を全員で読み、突然司会者から発表者が指名されます。実はこのことが私を成長させてくれ、能力を開発してくれたことに気づきました。

私は人前で話すのが大の苦手。人前でタジタジになり、恥ずかしい思いをしたくない。だからこそ事前の準備が大事だと考え、毎朝出勤したら、事前に冊子をしっかり読み、そして要約と感想を冊子にしっかり書くようになりました。いつ当てられてもいいように、心の準備をしていました。

毎日の積み重ねが大事

会社のみなさんは、私がきちんと準備した朝礼の冊子を見て、「時任さん、すごいですね」と感心します。

しかし私は、そうは思いません。当たって恥をかきたくないから一生懸命準備をしただけなのです。それを毎日毎日きちんとやることで、頭の中が整理されていきました。

そのおかげで、自信を持って言いたいことがきちんと話せるようになりました。その日々の積み重ねこそが人前で話せるようになった要因だと思います。

今では、緊張せずに人前で話をすることもできるようになったし、会社で笑顔で冗談を言ったり、みんなの会話にも自分から進んで入っていけるようになりました。

能力開発とはこういうものなんだと思います。違う自分になるには、素晴らしい価値観を手に入れ、日々コツコツと努力することが大事だと思います。

77名の親戚の前で司会進行という大役をこなし、我ながらあっぱれだと心から思いました。

現在、63歳。これからも元気で2年先を見ながら、みなさんのお手本社員となれるようにがんばっていこうと思います。

Story 2

あこがれのヒーローになるということ

小森敏秋さんは、現在24歳。社員大工です。

福岡の工業高校から初めて、大工という職種の新卒採用で入社し、大工の道に進みました。

現在、日本は全国各地で職人さんが不足しています。大工さんも高齢化で、弊社の専属大工さんは60歳以上の方ばかりです。畑中社長は、「このままでは、良い家造りに限界が来てしまう」という思いがありました。ベテラン大工さんの技を継承することも大切だと感じていました。

ちょうどそのころ、弊社で家を建築していただいたお客様が、工業高校の教師をされていました。その方から、入学した学生の中に、毎年、数名の大工希望者がいるというお話をお聞きしました。

しかし、大工で採用する企業がなく、就職先のない学生たちは、大工という夢を諦めて別の道で就職しているという話でした。

就職のミスマッチから、「なんと残念なことが起きているのか」と社長は感じたそうです。

そこで私たちは日本の職人不足解消のため、大工希望の学生の夢を叶えるため、ベテラン大工の技の継承のため、そして弊社の良い家造りのため、新卒の大工採用を決めたのでした。

小森さんは、幼少期から大工になりたくて、ずっとその夢を抱き続けてきた学生の一人です。入社した当時は、丸坊主の笑顔が可愛らしい青年でした。礼儀正しく、挨拶も元気で気持ちの良い好青年。社会人になって、はじめての一人暮らしが始まり、手作り弁当を持参するような若者です。中身は日の丸弁当でしたが……。

その彼が、弊社で新卒大工1号となり、厳しい修業期間を経て、どのようにし独り立ちできる大工に成長していったのを書くことで、これから職人を目指す若者に勇気と希望を与えることができたらという思いで取材させていただきました。

新卒採用が始まり、現在、社員大工は12名。修業の道とはどういうものか、大工さんが一人前になって、その家に命を吹き込む思いで建築施工しているということなど、少しでも理解できる機会になればと思います。

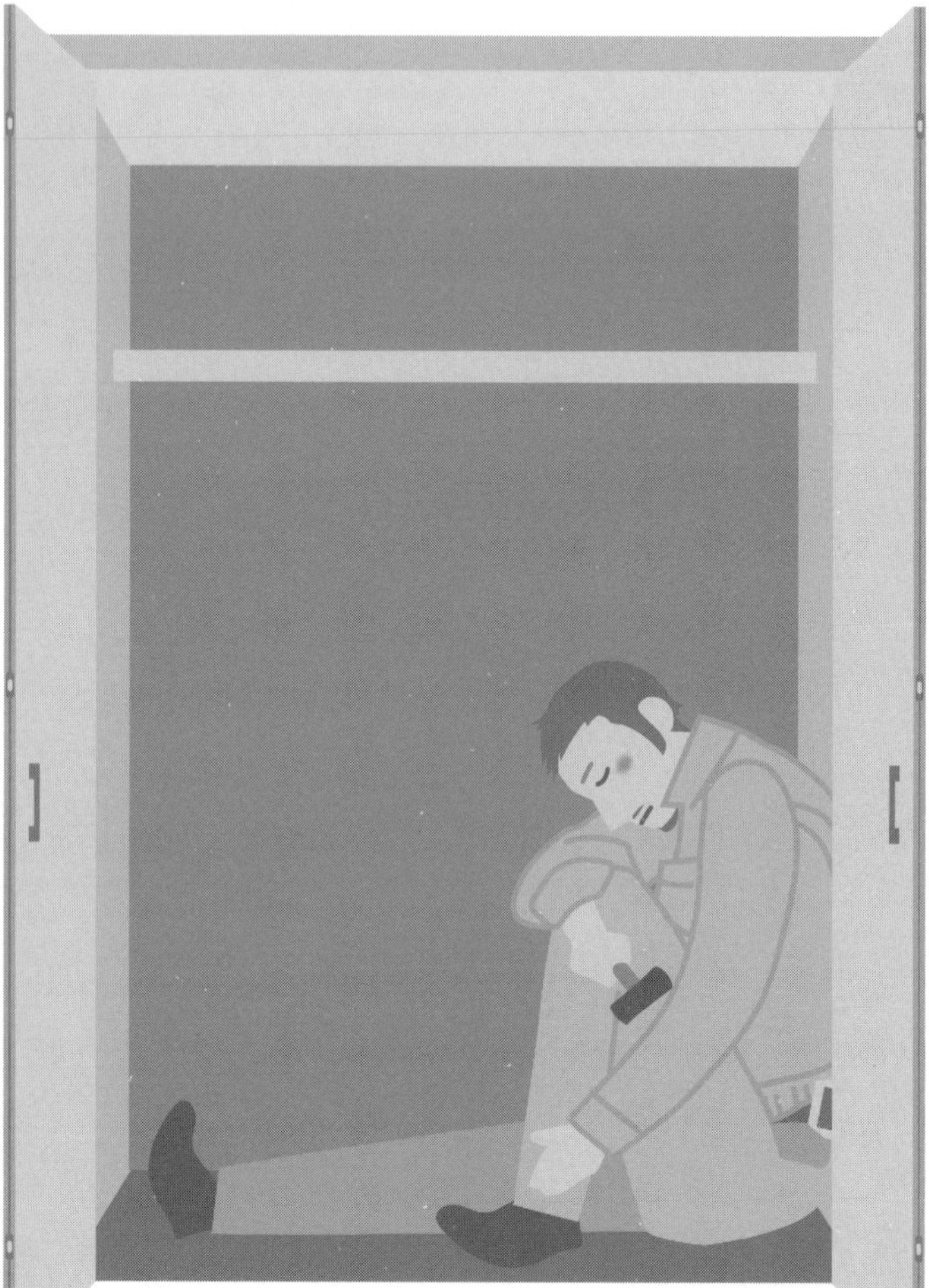

学校に初めて大工の求人募集がきた

物心がついた幼稚園児のころから、私の夢は大工になることでした。そんな私は、子どものころから工作が大好きでした。

当時、ものづくりができる職業といえば、大工しか知りませんでした。父方の祖父は農家でしたので、私が大工を目指すことには消極的でした。母方の祖父は、工事現場関係の仕事をしていたので、建設現場の話をよくしてくれました。大工を知ったのは、そのとき聞いた話からだったと思います。私は家族の望む農家を継ぐという道ではなく、自分のやりたいことを優先し、大工の道を目指すようになりました。

大工になりたいという夢は、小学校、中学校に進学しても変わりませんでした。高校進学のときも、大工になるために福岡の工業高校の建築科に入学し、1年のときから先生に「大工になりたい」と言っていました。

大工になりたいといっても、就職先がなければなれません。当時、私の高校では大工という就職先はなかったと聞きました。ところが、私の思いが神さまに通じたのか、私が高校3年のとき、初めて大工の求人募集がきました。1年生から大工になりたいとずっと言い続けてきたからだと思います。それが現在の会社との出会いでした。先生は私をその推薦枠に入れてくれました。

私は大工という子どものころからの夢を叶えるため、今の会社に入社したわけです。いよいよ夢への第一歩を踏み出すのかと気分は最高潮でした。

入社して4か月間は現場に入ることはなく、現場監督と一緒に現場に足を運ぶ毎日でした。そのとき、社会人としての心構えとか、マナーとか、建築現場のことをとかたくさんのことを教えてもらいました。

現場に入ると、いろんな職種の人が仕事をしていました。そこでS大工と出会いました。

「お前なら面倒を見てもいいぞ」

「ありがとうございます」

私は、きっとこの人からいろいろなことを教えてもらえるのだと勝手に思い込んでいました。

どんどん自信がなくなった

しかし、4か月後に決まった配属先は、そのS大工の下ではありませんでした。少し残念な気持ちになりながらも、会社が決めたことだからと思い直し、担当の大工さんにお世話になることにしました。

担当のF大工はとても良い人でした。最初の現場は直方《のおがた》という、会社からも家からもとても遠い場所で、車で2時間近くかかります。

朝5時半にF大工の自宅に集合し、一緒に車で現場まで行く毎日でした。寡黙なF大工はほとんど話をせず、私はどうしていいのかわからなかったのを覚えています。寝ることもできず、18歳の私は緊張しっぱなしで助手席で固まっていました。

現場でも、教えてもらったのは仕事ではなく、自分で何をしたらいいのかを考えて行動しろということでした。現場の清掃など、とにかく自分でできることを考え、実行する毎日。できることが見つからないときは苦しかったです。自信をなくし、何もしていない自分が嫌でたまりませんでした。同期で一緒に入社した仲間たちに追い越されていくのを想像すると、つらく悲しい気分になり落ち込みました。

日が経つにつれ、どんどん自信がなくなっていきました。

建設業界は、見習い期間中は盗み見しながら覚えるのが当たり前の世界です。後で聞いたのですが、先輩たちは私を強くしっかりとした大工に育てたくて、私に何も教えなかったということでした。それが先輩からの精一杯の愛情表現だったということに18歳の私は気づくこともできず、苦痛から逃れたい一心で、子どものころからの夢だった大工をあきらめようかとさえ思いました。

夢を叶えるのは簡単じゃない

そんなある日、私は勇気を出して、いつも「元気か」って声をかけてくれるやさしい社長に相談することにしました。社長に相談したことで、担当大工が代わりました。入社して現場回りをしていた4か月の間に出会ったS大工が、私の面倒を見てもいいと社長に言っていただき、私はS大工の下に弟子として修業に出ることとなりました。

今でも、あのときのことを考えるとF大工には申し訳ない気持ちでいっぱいになります。私のことを真剣に育てようとしてくれていたのに、私はその気持ちを理解することができずに逃げ出すような形になってしまいました。だからこそ、F大工の恩に報いるためにも立派な大工になると心に決めました。

（もう二度と逃げ出したりしない。絶対に夢を叶えるんだ）

S大工は、親子ともども大工です。大工の棟梁の中でも一番若い大工で、父親のS親方の下で修業し、若くして棟梁になった人でした。私にとってとても格好よくあこがれの大工です。あこがれの大工と働ける嬉しさでいっぱいでした。

大工の世界では、怒声、殴る、蹴る、ときには金槌などが飛んでくるのは普通です。親子だからとくに厳しく育てられたS大工は、私にもとても厳しく、そしてやさしい大工でした。修業に入ってからは毎日怒られ、怒鳴られ、厳しく教えを受けました。遅刻をしたときは本当に怖かったです。しかし、怒られながらも愛情を感じていました。自分が立派になるために言ってくれているんだと思っていました。だから、辞めたいとは一度も思いませんでしたし、恩返しのためにも絶対に辞めないと決めていました。そう思えたのもF大工のおかげです。

現場で何度言われてもできないときがありました。そのときはできない自分にとても腹が立ち、なんでできないんだと自分を責め、家に帰って布団をかぶって泣いたこともありました。大工の素質がないのだろうか……。長年の夢を叶えることができないかもしれないという不安や恐怖でいっぱいでした。できないことが本当につらかった。

でも、いつかできるようになるんだと、私は布団の中で肯定的に考え、次の日は笑顔で元気に出勤しました。布団の中で泣いたことを話すのは恥ずかしいですが、これを読んだ人の勇気になればと思い、お話ししました。

夢を叶えるというのは簡単なことじゃない。苦しくてもつらくてもあきらめない気持ちが大事なんだと思います。

そうはいってもS大工もS親方も怒ってばかりではありませんでした。ときどき私をほめてくれました。たまにほめられると本当に嬉しかったです。S親方は、何かのときに、

「お前たちがいるから、俺はがんばれる」

と言ってくれたことがありました。この言葉は本当に私の心に深く刻まれています。今でもその言葉を思い出すと涙が出そうになります。S親方も大工になる前も、なってからも大変な苦労があったと思います。誰かのためにがんばれるっていうのはこういうことなのかなって思いました。自分が親方の役に立てているのも本当にありがたいと思いました。

仕事中の大失態で私は変わった

私には忘れられないエピソードがあります。

入社したばかりの私はまだまだ子どもで、遊びたくて仕方がありませんでした。大工の世界は朝が早く、現場が暗くなってから移動して、それから帰宅するので、

帰宅時間も夜の9時、10時は普通でした。

同僚の大工仲間と10時から食事に行く約束をし、その後カラオケやボウリング、ダーツバーなどによく出かけたものです。遊んで帰る時間は当然午前さま。寝る時間も2時、3時になってしまい、睡眠時間は3時間から4時間の生活。現場に行ったら眠いのは当然です。遅刻も何度かしてしまい、厳しく怒られました。

しかし、社会人としての自覚がなかった私は遊びに夢中になってしまい、成人式の日に休みをもらって徹夜で遊びました。そして朝一番の電車で帰宅し、そのまま着替えて現場に行きました。工期が厳しい現場でしたので、成人式に休みをもらえるのがやっとでした。同僚は成人式の翌日も休みをもらっていました。そのときは、とてもうらやましかったものです。

私はS大工にもS親方にも翌日休みをもらうなんてことを言い出せず、仕事にもかかわらず、徹夜で寝ずに出勤。結果はみなさんも想像できると思いますが、仕事に集中できませんでした。2階のクローゼットの作業をしながら、こっそり仮眠を取ってしまうという大失態を演じてしまったのです。親方たちには見つからなかったのですが、自分が本当に嫌になりました。こっそり居眠りなんかして、俺は何をやっているんだと恥ずかしくなりました。仕事を一生懸命教えてくれているS大工にもS親方にも申し訳ない気持ちもありましたが、子どものころからなりたかった大工という夢をこんな気持ちでやっていいのかと自分を責めました。

その日を境に、私は睡眠時間を確保するために必ず夜の11時、12時には寝ようと決心したのでした。社会人としての自覚を20歳にしてやっと持てました。今でもクローゼットで寝てしまったことは忘れられません。しかし、それを機会に、そのころからいろいろな仕事を任せてもらえるようになり、だんだん仕事がおもしろくなってきました。

「すごいね。阿吽《あうん》の呼吸だね」

中学、高校の6年間、私は柔道部でがんばりました。柔道部の顧問からは、挨拶、礼儀、先輩は絶対だという教えを受けてきました。柔道部の練習の後は、アルバイトでゴルフの打ちっ放しのボール拾いをしていました。親と一緒にいる時間は本当に少なかったと思います。

当たり前だと思っていた生活も、今はやっと親に感謝できるようになりました。大工の仕事をしていて、柔道部のときに教わったことが本当に役に立っていると思います。顧問の先生にも感謝でいっぱいです。柔道部のときの仲間たち、アルバイト先でいろいろ教えてくださった人たち、自分はたくさんの人に支えられ生きていると実感しています。

大工生活3年目のことです。S大工と一緒に仕事をしているとき、ある人に言われました。その人は私たちの現場に資材などを搬入する仕事で、搬入中に黙々と無言で作業している私たちを見て、こう言われたのでした。

「すごいね。お2人は無言でも意思の疎通ができているんだね。阿吽の呼吸だね」

私はその言葉を聞いたとき、「やった！」と思いました。自分の成長を感じた瞬間でした。あきらめそうになり、つらくて苦しい修業に立ち向かい、やっと認められた瞬間が来たと思いました。

そのころは仕事が楽しくて、出勤時間も待ち遠しい気分でした。よく日曜の夜は憂鬱になるとみなさん言いますが、私はそんな気持ちに一度もなったことはありません。仕事が楽しい。大好きな仕事ができる。それは本当に喜びでしかありませんでした。

モチベーションを上げた彼女との出会い

そのころから私は、結婚を意識するようになりました。私には入社6年目で結婚するという夢がありました。自分の家族がほしい、あったかい家庭をつくりたいと思うようになりました。6年目というのは自分が見習いを卒業しようと考えていた時期です。見習い大工を卒業し、一人前になったら結婚するというのが私のもう一つの夢でもありました。お付き合いしている人もいないのに私はそんなことを考えて行動するようになりました。

どちらかというと、私は頭で考えて行動するタイプ。「行動が遅い」とS親方に何度も怒られていました。S大工親子は仕事の手が早く、なんでも即実行するタイプ。私はS大工とともに行動するようになって、この〝即実行〟という技術も手に入れることができたと思います。

建築現場では女性との出会いがないので、私は休みの日はいろんな場所に出かけることにしました。友人に女性を紹介してもらい、とにかく会いに出かけるようになりました。一つひとつの出会いを大事にし、結婚相手を必死で探し続けました。

そんなある日に出会ったのが姫子さんです。年上の女性で、しっかりして、気立てもよく、美しく、やさしい女性で、私はひと目で気に入りました。今でも彼女にぞっこんです。

彼女と私は意気投合し、真剣交際がすぐにスタート。お互いに結婚を意識していたので、2年後には無事夫婦になることができました。彼女とお付き合いするようになってからは、とくに仕事に身が入るようになりました。見習いを卒業して早く結婚したいという思いで、モチベーションが上がったのです。

彼女のおかげもあり、私は見習いを卒業し、すばらしい結婚式を挙げることができました。多くのみなさまに祝福され、幸せの絶頂を味わうことができました。

あこがれは「キン肉マン」

18歳で入社して、大工となり、結婚し、夫となり、これからは父親になりたいと思っています。そして、みんなから愛され、信頼される立派な大工になりたいです。私はS大工のように若くても格好いい大工になることを人生のビジョンに掲げています。

私が格好いいと思う大工は、S大工がそうだったように、何事も妥協せず、お客さま思いの情に厚いやさしい大工。どんな逆境でも逃げ出さず立ち向かえる強い男です。

私には小学校のときからあこがれているヒーローがいます。それは「キン肉マン」です。キン肉マンは、明るい性格で、一緒にいるとみんなが楽しい気分になります。ドジなところもありますが、正義感が強く、仲間を思いやる気持ちが強いです。人間は完璧ではありません。ダメな部分を見せても、がんばっていればどんどん格好よくなれると思います。こういうことをキン肉マンの漫画から教わりました。自分の人生の教科書ともいえるくらいです。

私はキン肉マンのような大工になるんだと心に決めています。まだまだ長い人生です。若輩者の私がこれから先もがんばっていくためにも、人生の目的、目標は大切だと感じています。立派な男になって、社会に貢献できる人生を歩みたい、そのことを心に刻んで、これからもがんばっていきます。

Story 3

暗く長い廊下の先に灯っていた光

大田修平さん。現在53歳の幹部です。

弊社に勤めて14年。入社したときは営業部に配属され、今はブランディング部のリーダーです。ブランディングという新しい部署ができたときの立ち上げメンバーの一人でもあります。

大田さんは、「会社で一番、フットワークがある男」といった表現がぴったりです。こまめにまわりに配慮し、電話を取るのも早く、人が嫌がる仕事も率先してやってくれる方です。とくに社長を陰ながらサポートし、社長秘書のような存在でもある大田さんの存在は、我が社ではとても大きく、いろいろな場面で活躍されています。

大田さんには伝説があります。社長と同行して出張したときのことです。

大事な講演を控えた社長は、タクシーの中で携帯電話を落としてしまい、そのまま気づかずに会場入りしたのでした。講演直前で、携帯電話を落としたことに気づいた社長は、大田さんにそのことを伝えました。大田さんは、それを聞くと、すぐにタクシーに乗った駅に向かい、そしてタクシー乗り場に並んでいるタクシー一台一台に声をかけて回ったのです。

乗ったタクシーの運転手さんの名前の横に、幸せそうな家族写真があったのを覚えており、その写真があるかどうかを一台ずつ確認していったのだそうです。そして奇跡が起きました。2人が乗ったタクシーがそこに停まっていたのでした。

大田さんの熱意に奇跡が起きたとしか思えません。彼はそのままそのタクシーで講演会場に到着することができました。講演の最終に差し掛かったとき、自分の携帯電話を持った大田さんが壇上袖に現れました。そのときの社長の喜びと感動はすごかったと思います。

壇上で、社長がその話を最後にしたそうです。会場では、「素晴らしい会社には、大田さんのような素晴らしい社員がいる」ということで、拍手喝采だったと後で聴きました。

そんな大田さんのこれまでの生き方、あり方を体験談として記録することで、これからがんばる人たちに勇気と元気を与えることができたらと、お話を聴かせていただきました。

厳しい父から離れたかった

私は、福島県で生まれ育ちました。父は教師をしており、いつも「先生の子」と言われていました。教師の子どもであるからこそ、「いつもきちんとしていなくては」というプレッシャーがあり、自分らしく振る舞うことがなかなかできませんでした。

教師である父は大変厳しい人で、私はとても窮屈さを感じていました。子どもらしく、思いっきりしたいこともできない幼少期でした。子どものころの自分は、人前でだけきちんとし、人に〝良い自分〟を見せることが、ウソをついているようでとても嫌でした。そのことが自分を苦しめていました。「自分らしく、正直に生きたい」という願望がいつも心のどこかにありました。

私はとにかく人が大好きで、「誰かのために役に立ちたい」という気持ちの強い男の子でした。親元の福島県だと自由に自分らしく振る舞えないこともあり、あえて遠くの大学に進学することを決めました。厳しい父のそばを離れたかったのです。

それが鹿児島の大学でした。子どものころに、コーヒーのテレビCMで有名な設計士が格好良くコーヒーを飲むシーンを見たことがあります。そのCMに出ていた設計士にあこがれて、私は工学部建築学科を選びました。そして、大学時代は音楽サークルの部長を務めました。この音楽サークルで、私は初めて自由を謳歌でき、本当に楽しく幸せな日々を送ることができました。

厳しかった父の元を離れ、人目を気にせず、自由に振る舞える素晴らしい世界が私にとって最高の時間でした。音楽サークルの部長になった理由は、子どものころからの「人の役に立てる自分でありたい」という気持ちを持っていたからでした。私は立候補して部長になりました。このサークルの部長をしたことで、良き先輩たちと出会い、とても可愛がられました。そして、多くのことを学ぶことができました。

たとえば、「音楽サークルのOB会をやろう」と言い出した先輩は、自らOB会を企画し、実行し、本当にそれを成し遂げました。彼の行動力にはとても影響を受けました。言葉だけでなく、自らがリーダーとなって、まわりを巻き込んだ行動ができる先輩は、私にとってあこがれでした。

ＯＢ会は見事成功し、音楽サークルの卒業生の絆をつなぎ、そして感動させることができました。ＯＢ会は30年経った今でもまだ続けられています。人に感動を与え続けることができる先輩は、他でもたくさんの功績を上げており、彼の人脈は今ではすごい人ばかりです。

多大な影響を受けた恩師との出会い

音楽サークル以外でも私は尊敬できる人たちとの出会いを得ました。それが私の所属したゼミの先生です。

先生が私にとって恩師と呼べる方です。先生も私にとても大きな影響を与えてくれました。先生は私の大学の教授ですが、出身は九州大学で、私の大学には教授として勤務されていました。歴史ある教会の保存や移築に人生をかけられていました。先生は頭がとても良く、心根もやさしく、本当に素晴らしい方です。

先生から数々の教えを受け、今の自分があると思います。私が「知的で、人を思いやれるやさしさを持った人間になりたい」と思うようになったのも、先生がいたからです。先生のような大人になりたいと今でも思っています。

音楽サークルの先輩と恩師である先生、お二人の存在は今の私の価値観に大きく影響していると思います。実行力、仕事力、感動力、思いやりなど、どれも素晴らしいものを持っている方々です。

親への感謝の気持ちが芽生えた

楽しい大学生活でしたが、音楽サークルにはまり込んだ結果、大学を中退することになってしまいました。

卒業を断念することになり、私は落ち込みました。学費を出してくれた両親に申し訳ない気持ちでいっぱいでした。しかし、そのとき私を助けてくれたのが恩師でした。

先生のおかげで、鹿児島ではけっこう大きな設計事務所に入社できました。さまざまな建築を設計する事務所で、スキルの高い先輩たちがたくさんいました。

立派な設計士になろうと、無我夢中で仕事をしました。幸運なことに、その事務所の所長は、なぜか私をとても可愛がってくれました。いろいろな人に引き合わせてくれ、たくさんの知識や技術を教えてくれました。私は大きな仕事ができる喜びと、夢にまで見た設計士という仕事に情熱を注ぎました。朝から晩まで、毎日事務所のデスクで過ごしました。20代は事務所のデスクが恋人のような生活でした。６年ほどそんな生活が過ぎ、30歳を目前にしたときでした。

（俺はこのままでいいのか）

私は急に鹿児島を出て、福岡に行きたいと思うようになりました。親元の福島が嫌いだったはずなのに、いつしか、少しでも福島の近くに行きたいと、故郷を懐かしむようになっていたのでした。東京ではなく、福岡に行きたいと思ったのは、九州は住心地がよく、いつの間にかこの土地が好きになっていたからでした。そして、福岡は東京よりは田舎で、鹿児島よりは都会。福島の感覚に近いのは福岡でした。そんな気持ちで、福岡行きを決めたのでした。

私は大学時代に1年間だけ休学をして建築に携わる仕事で経験を積みたいとチャレンジしたことがありました。そのときに学んだことは、仕事のスキルではなく、親への感謝の気持ちでした。私は社会に触れて、親の想いを少し理解できる青年になっていたのだと思います。厳しくて嫌いだった父にいつしか感謝の思いがあふれてきて、鹿児島で設計士として学んだことを、違うところで試したいと思うようになっていたのでした。

お客さまに寄り添える営業マンになる

私は福岡で、お客さまの顔が見えにくい一般建築の設計ではなく、お施主さまと直接関われる戸建て住宅の設計がしたいと思うようになり、木造住宅に興味を持ち始めました。木造住宅に住む家族の幸せのお手伝いをしたいと考えるようになったのです。その思いが通じたのか、注文住宅の会社で設計士として就職することができました。

慣れない福岡での生活で心の支えになってくれたのは、そのころお付き合いしていた妻でした。彼女と結婚し、2人で共働きをしながら福岡での生活が始まりました。

注文住宅の会社では設計士として営業マンに同行し、お客さまと打ち合わせをする機会が多くありました。設計士として同行するうちに、営業マンとお客さまが笑顔で楽しそうに話す姿を見て、営業の仕事がしたいと思うようになっていきました。設計士よりも営業マンのほうがお客さまとの距離が近かったからです。お客さまとの出会いが増え、たくさんの人の笑顔を見ながら、だんだん設計の仕事に魅力を感じなくなっていきました。

（私は営業がしたい。人の役に立ちたい。人を喜ばせたい。人を幸せにしたい）

子どものころからの「人の役に立ちたい」、「役に立てる実感がほしい」という気持ちが強くなりました。設計士でも役に立つことはもちろんあります。しかし私は、実際にお客さまにもっと近い存在である営業職に魅力を感じるようになったのでした。

そして、自分のビジョンをしっかり持つようになりました。

（よし、俺はお客さまに寄り添える住宅営業マンになる）

注文住宅の設計士から営業マンになるという願望が大きくなり、私は転職を決めました。そして、リフォームを中心にがんばっている会社の営業職として入社しました。私はリフォームで、お客さまの幸せのお手伝いをすることを夢見ていました。しかし、私の夢はそう簡単には叶いませんでした。その会社の所在地は福岡市内でしたが、勤め始めてわかったことは、私の担当エリアは遠方が多く、熊本県が主な担当エリアだったのです。

疲労がたまり思考もコントロール不能に

毎朝、日の出前の暗いうちに起床し、車で2時間以上かかる熊本県まで通いました。ちょうどそのころ、長男が誕生し、赤ちゃんだった長男の世話を手伝うこともできず、妻は一人で育児をがんばってくれました。不慣れな福岡で、妻には本当に苦労をかけたと思います。妻は家事をまったく手伝わない私を責めることなく、朝暗いうちに出勤して夜中帰宅する私に、いつもやさしく「お帰り」と言ってくれました。とても器の大きなやさしい女性でした。

妻のおかげで、私は熊本への通勤、そして営業活動に安心して専念することができました。しかし、そんな生活は長くは続きませんでした。次第に私の体が思うように動かなくなっていったのでした。

熊本までの通勤と、慣れない土地での営業生活は、私に疲労と寝不足をもたらし続けました。自分ではどうにもならないことがたくさん起きました。疲労がたまり、思考もコントロールできなくなっていきました。ネガティブな感情が次々とあふれてきました。

（このままだと俺、病気になってしまう。生まれたばかりの子どもと妻との生活を守っていけるだろうか）

私は不安でいっぱいになり、この生活から逃げ出したくなりました。

「お客さまに寄り添える住宅営業マンになる」という願望は、いつしか、「この過酷な環境から抜け出したい」という願望に変わっていました。私はかつての同僚だった設計士に相談しました。

その同僚もすでに会社を辞めて、別の会社に転職していました。久しぶり会った同僚は、以前よりも明るく、顔色も良く、幸せそうに見えました。

私は彼に悩みを打ち明けました。

「住宅の営業がしたいのだけど、今の会社だと体がもたないと思う」

私は、必死に現状を訴えました。話し終えると、彼は私に言ってくれました。

「俺の会社に来ないか。今の会社はとても働きやすい環境だし、住宅営業でなら雇ってくれると思うよ」

彼の幸せそうな笑顔が印象的でした。自分の会社を嬉しそうに話す彼が羨ましく、私も彼の会社に入社したいと思いました。

彼の話を聴いて、住宅会社によってこんなに働く環境が違うのかとビックリしました。

妻に苦労をかけたくない、通勤地獄から解放されたい、お客さまに寄り添える営業マンになりたい……いろいろな思いがあふれてきました。

（彼の会社なら、自分の夢を叶えることができるかもしれない。自分の家族を幸

せにできるかもしれない）

私は、同僚に言いました。

「ぜひ、君の会社の社長に会わせてもらえないだろうか」

彼は快く申し出を受けてくれ、社長に私の話をしてくれました。そして、彼から社長の連絡先を聞き、私は早速、社長に電話をしてアポイントを取りつけ、履歴書を持って面接に出かけました。

彼が紹介してくれた会社こそが現在の会社です。そして、私が会いに行ったその人こそが畑中直社長でした。面接の日は、私の人生を大きく変えた運命の日となりました。私が39歳のときのことです。

不安な自分を象徴するような長く暗い廊下

会社の定休日は水曜で、社長は休みのはずなのに私のために出勤してくれていました。

玄関の入口の鍵は開いていましたが、電灯が一つも灯っておらず、真っ暗な事務所でした。実は会社の玄関から建物に入ると長い廊下があります。その長い廊下を突き当たりまで進み、右に曲がると、さらに長い廊下があるというエル字型の廊下の先にオフィスがありました。

真っ暗な中、エル字型の廊下を不安な気持ちいっぱいで進んでいきました。廊下の左右には住宅のキッチンや窓枠、仕様の打ち合わせのための設備が整然と並んでいました。しかし、室内をゆっくりと見る余裕もなかった私は、社長のいるはずのオフィスまで、暗い廊下を一歩一歩、緊張しながら歩いたのを覚えています。心細い気持ちになりながらまっすぐ歩いて右に曲がると、奥のほうから少し明かりが見えてきました。その明かりを見つけたとき、希望の光が見えたような気分になりました。

（やっと、社長に会える）

今思えば、その長い真っ暗な廊下は、まさにそのとき自分が置かれていた状況そのものでした。

光を目指し、不安な気持ちいっぱいで進んでいる自分。頼れる人もなく、家族を幸せにするために、自分が幸せになれる仕事を求めて突き進んでいる状態。

足早に廊下を進んでいくと、エル字型の廊下が終わり、また広い打ち合わせルームがありました。そこも真っ暗でした。ほんのりと廊下を照らしてくれていた明かりのおかげで、私は事務所の中を少し見ることができました。廊下を少しだけ照らしてくれていたのは、打ち合わせルームの先にある社長室の机上の明かりでした。それが一つだけぽつんと灯っていたのでした。

とても広い事務所の社員が誰もいない中で、社長がただ一人、ぽつんと灯った電灯の下に座って仕事していました。

「おはようございます。大田と申します」

「君ならできるよ」は魔法の言葉

社長の第一印象はとてもやさしそうな人で、少しほっとしたのを覚えています。

私が持参した履歴書をほとんど見ようともせず、社長は私の顔をしっかり見つめながらいくつか質問するだけでした。

何を尋ねられたのかあまり覚えていませんが、一つひとつの質問に私は正直に、丁寧に答えたのを覚えています。そして、私が当時担当したお客さまのプレゼン資料を社長はじっくり読んでくれました。

私の作ったプレゼン資料を社長は気に入ったのか、

「君ならできるよ」

と笑顔を返してくれました。この一瞬は、今でも忘れられないくらい嬉しかったです。この言葉が私のモチベーションを最高に上げてくれました。

今でも、このときのことを思い出すことがあります。「君ならできるよ」という言葉は私にとって魔法の言葉です。この言葉を聞くだけで、私のモチベーションは今でも最高潮になります。

その後、「いつから来られる」と、採用とも取れるような言葉をかけてくれたのでした。

「雇っていただけるのですか」

私がこの会社で正社員の一員として働けるようになった瞬間でした。

私は当初、営業職として採用されました。そして、入社して数年間でお客さまに寄り添える営業マンになるという夢を果たすことができました。

企業理念と私の意欲が一致した

入社して社長と一緒に仕事をしていくうちに、この会社では営業職でなくとも人の役に立てることがわかりました。

以前の会社では体験できなかった〝感動の提供〟がこの会社の企業理念としてあり、私の貢献意欲とマッチングしたのでした。住宅営業も素晴らしい仕事ですが、もっと多くの人を幸せにしたい、喜んでいただきたいと思うようになりました。自分にできることが他にもあるのではないか……。

私はこの会社で仕事をするうちに、社長を大好きになりました。そして、ここで働く社員さんたちみんなを大好きになりました。こんなに良い人ばかりがいる会社は見たことがありません。会社全体が一つになってお客さまの幸せに貢献できるということに、私は生き甲斐や喜びを見出していきました。

入社してから14年が経った今、私は営業マンではなく、ブランディング（顧客や消費者にとって価値のあるブランドを構築するための活動）という会社全体の仕事に携わっています。

営業として入社し、たくさんの感動の涙に立ち会うことができました。お客さまは命を担保に住宅ローンを組まれます。命がけで買い物をされるのです。そんな仕事は住宅くらいしかありません。人生で一度きりの大きな買い物。その思いに寄り添うべく、私は一生懸命にお客さまの要望に応えてきました。

しかし、社長と会社の未来について話すうちに、社長が「ブランディング」に対して熱い思いがあることを知りました。私もこの会社をもっと多くの人に知っていただきたい。素晴らしい商品力、その商品が世に広まることで、もっと多くのお客さまに住まいの感動を与えていくことができるこのブランディングという仕事をもっと活性化させていきたいと強く思うようになっていきました。

思考は現実化する

この会社で、私が幼かったころからの夢である「人の役に立てる人になる」ことが実現できるようになってきたと思います。私はこの会社で自分に合った、本当にやりたい仕事を見つけることができました。

思えば、20代、30代は自分探しをしていたと思います。人生の目的、目標が定まらず、本当にやりたいことが見つからなかった時代です。39歳で畑中社長に出会い、仕事を通して自分の価値を見出していったように思います。

「人の役に立ちたい」という思いから、人に関わる仕事を選ぶようになり、そして今は、自分の価値に気づくことができ、自分のやれることを少しずつ増やしていくようにしています。会社の価値が上がるのに比例して、私は自分の価値も上がっていくように感じています。

ブランディングという仕事で、自分ができる最高のパフォーマンスを出すことで、会社の信頼、信用が上がっていくのはとてもやり甲斐があって楽しいです。まだまだ未熟な自分に直面することも多々ありますが、そのたびに問題を乗り越え、解決することで自分に自信もつきました。

最初は、コーヒーのテレビＣＭであこがれから始まった設計士という職業でしたが、自分探しをあきらめない限り、本当に自分の求める幸せを探し出すことができると今は思えるようになりました。

社会人になってからが本当のスタートだと思います。自分で考え、自分で行動する大切さ。前を向いて、しっかり歩み続ける。どんな自分になりたいのか、いつも考え続けると、本当に思考が現実になっていきます。

すべては自分が選択してきたこと

私は大好きな人たちを幸せにするためにこれからもがんばっていきます。

自分の幸せのため、家族の幸せのため、仲間の幸せのため、お客さまの幸せのため、そして私の人生を変えてくれた社長や私の尊敬する恩師、先輩のために、「多くの縁ある人たちのお役に立てる自分」になるために……。

お客さまの家が完成し、引き渡し式に同行させてもらうことが多いのですが、お客さまの感動のシーンを見るたびに、私はこの仕事を選んで本当に良かったと思います。働き甲斐、生き甲斐があふれる会社だと誇りに思っています。

最近では、大学新卒のリクルーティング業務にも携わっていますが、目をキラキラ輝かせて就職活動のために来社する学生さんたち、入社したばかりでまだ不慣れながらもがんばる新入社員たちを見ながら、自分も初心を忘れずに前を向いてがんばっていこうと思います。

今では私の息子も大学に進学し、これからどんな大人になっていくのかとても楽しみです。私は若い人たちに夢を持って働いてほしいと心から願っています。そのためにも私自身が若い人たちの先陣として胸を張って自己実現をし、夢を叶えていき、背中を見せていこうと思っています。

最後に、私の53年の人生を振り返ってみると、自分自身でいろいろと考え、〝選択〟してきたと思います。

つらかったときは、「なんでこうなってしまうのか」と正直、自分以外の人やもののせいにして逃げている自分もいました。自分の選択であるはずなのに、弱い自分がそうさせていました。これからも困難に直面したとき、負けそうになるときが来るかもしれません。

しかし、そんなとき思うのは、〝自分が源〟ということです。すべては自分の選択です。自分自身に対して責任があります。今の自分は、過去の自分の選択から生まれた結果なのです。これからの自分の選択が未来を創っていきます。だからこそ、夢を持ち続けて、より良い選択をしてもらいたいと思います。

長くなりましたが、最後まで読んでいただき心から感謝します。ありがとうございました。

Story 4

棚の下に行く努力をしよう

入社9年目になる営業職の畑田里志さん（36歳）は、弊社のグループ会社で店長を任されています。新規事業を立ち上げるとき、社長から「畑田ならやれる」と太鼓判を押された熱血営業マンです。営業成績はいつもトップクラス。社内でも評判の社員です。

しかし、彼は入社当時からそうだったわけではありません。入社当時の畑田さんは表情も硬く、第一印象は厳しい雰囲気を漂わせ、彼をちょっと苦手だと感じる社員もいました。

自分にも、他人にも厳しい方でした。

たとえば、畑田さんの部下が急ぎの用事で、電話をかけたときのことです。

「お疲れ様です。今、畑田さん、どちらにいらっしゃいますか」

「どちらって言う前に、なんの用事で電話したのか言うのが筋でしょう。なんでそんなこと聞くんですか」

「あっ、すっ、すいません。急ぎの用事があって、いつ会社にお戻りかと聞きたくて……」

「今、会社に戻っているところです。あと15分で会社に着きます。それからね、〇〇くん、電話をかけるときは、まず相手が電話で話せる状況かどうかを聞くのが礼儀でしょう？

こういう場合は、△△の件で電話しました。急ぎで上司の承認をいただきたいので、何時にお戻りでしょうか？　とかいうのが電話のマナーだよ。君、営業でしょう？　これから気をつけてくれる？」

急ぎの用件で電話した部下は、このとき、畑田さんに少し怒りを覚えたと言っていました。確かに畑田さんの言っていることは正しいです。しかし、契約をもらうのに必死で走り回る部下にも正しさがあるのです。

こんなふうに厳しかった畑田さんが入社してから、会社で評判が上がるまで、どのように変わっていったのかを私は聴かせていただき、ぜひ紹介したいと思いました。

「人はいつからでも、どこからでも、変わることができる」

多くの方に勇気と元気を与えることができるお話です。ぜひご一読ください。

初年度からうまくいったわけじゃない

私は現在、36歳でグループ会社の店長をしています。この会社も親会社と同じく戸建ての住宅を販売しています。店長といっても営業が数人しかいない会社で、なんでも自分でやらないといけません。

3年ほど前、突然、新しい事業を立ち上げることが決まり、立ち上げメンバーとして社長から声をかけていただきました。

親会社での仕事は充実していたので、状況が大きく変わることに正直、不安はありました。しかし、以前の職場に比べて、この会社に入社して私はいろいろなことを学べ、自信もつき、成長できたと感じていました。だからこそ、やってみたいと思いました。また、社長に期待されていることが嬉しくもありました。

現在、この会社の業績は2年連続で右肩上がり。しかし、初年度からすべてうまくいったわけではありません。当初は、福岡ではネーミングも弱く、親会社の営業マンだったころより、お客さま数は減り、展示場の来場数も厳しく、大変な状況でした。

そんな状況の中、これから入社される社員さんたちのために、どうして私ががんばってこられたのか……私の経験が少しでも役に立てばと思い、今回、勇気を出してお話ししようと思いました。

お父さんのような男になりたい

私は、熊本県の水俣市で生まれました。子どものころからあこがれていた人は父親でした。今もずっと父の背中を追ってがんばっています。では、私の父がどんな人だったかというと、実は私にとってとても怖い存在でした。叱られるとき、名前を呼ばれただけで、まだ叱られてもいないのに怖くて涙が出ました。それくらい怖かった。しかし、怖いだけではあこがれるはずありませんよね。私には父の生き方そのものが格好よく、その生き方にあこがれていたのでした。

父は背が高くスマートで、友人、知人からも「お父さん、格好いいね」と言われていました。今でいうイケメンですね。30代の父は、水俣市でも一番大きな建設会社に営業マンとして勤務し、若いのに営業部長を任されていました。スカイラインという当時、若者に人気の車に乗り、格好よく、仕事もバリバリできるそんな父親です。あこがれない子どもはいないと思います。

私には忘れられない思い出があります。

私が小学校低学年のとき、父は単身、アメリカへ出張に行きました。当時の最先端技術など、自らの勉強になるならどこへでも一人で行くという実行力のある人でした。いろいろな所に行って見聞を広め、帰ってきては自宅リビングの壁をスクリーンにして、映写機（今のビデオカメラ）で録画してきたものを映しながら、ご近所の人たちにおもしろおかしく披露するのです。

父の話を聞いたご近所の大人たちは、みんな笑顔で楽しそうに、ときには大きな口を開けて笑い合います。自宅は正直、立派な家ではありませんでした。当時の生活ぶりは結構貧しく、古くて小さな家に住んでいました。しかし、その古い小さな家に人が集まり、笑顔があふれる時間を父は創り出していたのです。

そんな父が私はとても大好きで、尊敬していました。

（お父さんのような立派な男になりたい）

と心から思いました。

サッカーの県代表に選ばれる

小学1年の初めての運動会。かけっこ競技で私は2位でした。

「里志、かけっこで1位になれ」

あこがれの父に言われたこのひと言は、私のやる気に火をつけました。

（ようし、これからは絶対1位になってやる）

かけっこで1番になれるように、私は毎日練習し、努力し続けました。その結果、小学2年から6年までずっと1位を守り続けることができました。かけっこで1位になったら、大好きな父は喜んでくれる——。それが私のモチベーションになっていました。

私の小学校では4年生になると部活が始まり、陸上部にするかサッカー部にするかとても悩みました。足が速いから陸上部でも成果を上げることができそうだと考えたのですが、私には3歳上に姉がおり、その姉が陸上部でがんばっている姿や表情を見ていて、楽しそうに思えなかったのです。

陸上選手が笑顔で走っているのは変ですよね。歯を食いしばって自分の限界に挑戦している姿。私にはそれが魅力的には見えませんでした。

それとは反対に、サッカー部は小学校の校庭で、数人の子どもたちが仲間どうし声をかけ合いながら笑顔でボールを追いかけていました。その姿を見て、私は楽しそうで魅力的で、自分の速い足を活かせると考えたのでした。そこで、私はサッカー部に入部することにしました。

小学校でサッカーを始めた私は、実力があると周囲から認められていました。私が中学に進学するとき、姉は高校進学で、熊本市内の難関県立高校に合格が決まっていました。熊本市内のほうがサッカーのクラブチームも有名なところがあるからということもあり、私たち一家は水俣市から熊本市内に引っ越すことになりました。

そのころ、両親はサッカーが得意な私にとても期待してくれ、私も大好きなサッカーが素晴らしい環境でできるということに喜びと期待を感じていました。

中学1年、2年と私はいつも目立っていました。チームの中でもリーダーシップを発揮でき、仲間からの信頼も厚く、チームの中心的存在でした。足が速く、努力するほうでしたので、実力がみるみるつき、熊本でもそこそこ有名なサッカー少年でした。クラブチームでも私は県代表選手の選考に残り、かなり実力のある少年でした。

大好きな父も、休みの日などに自分の練習によく付き合ってくれ、親子で過ごす時間が増えました。練習でも試合でも、父は仕事を調整して私のために来てくれました。

2年生の秋に次のキャプテンを決めるのですが、私はキャプテンに選ばれました。両親もこのことを本当に喜んでくれました。そのころの私は自信がみなぎり、両親の期待、コーチの期待、クラブチームの期待、そして応援してくれるみなさんの期待に応えるため、プロのサッカー選手になる夢を追いかけていました。

そんな私が中学3年になったころ、大きな壁にぶつかりました。

スポーツ向きの心臓じゃない

キャプテンにもかかわらず、補欠になってしまいました。

「お前がキャプテンなのに、なんで補欠なのだ」

「どうして畑田君は補欠なの。あなたキャプテンでしょう」

チームメンバーやその保護者からそんな言葉を投げつけられ傷つきました。

（毎日、休まず気を抜かず必死で練習してきたのに、どうしてなのだろう）

私は自信がなくなり、成果の上げられない補欠の自分が悔しくて、恥ずかしくて、みんなの期待に応えられない自分に腹が立ちました。

練習中、走っていて息苦しくなることが何度かありました。チームメンバーを見渡すと、みんなはきつそうに見えません。ちょうどそのころ、学校の健康診断があり、私は心電図の検査で引っかかってしまいました。医師から病院で診てもらうようにと言われ、母と2人で検査を受けに病院に行きました。

その病院で医師から「心臓がスポーツ選手に向いていない」と言われ、難しい病名を告げられました。日常生活に支障はないのですが、サッカーのように激しく走り回るスポーツだと、どうしても人より息苦しくなると説明されました。

（これだったのか。きつかった原因は）

難しい病名を言われて、ショックも少しありましたが、ホッとしたのも事実です。どんなに努力をしてもどうにもできないことがあるということがわかったからでした。

中学3年の私は、身長が155㎝で体重は37㎏というガリガリ少年。背はクラスで前から2番目でした。同級生が伸び盛りの中、私は小さなままでした。病気のこともあって、私はどんどん自信を失っていきました。中学3年でキャプテンで補欠という、今までに経験したことのない状況に置かれた私は、劣等感に苦しみましたが、それでもサッカーを辞めるという選択肢はありませんでした。

逆境は人を成長させる

当時の私は試合に出してもらっても、コーチからは怒鳴られ、帰りの車の中では父からプレイのことで厳しい指摘を受けるというつらい日々でした。競技場ではチームメンバーやその保護者から嫌味を言われ、自分を批判する人はいても、応援してくれている人はいませんでした。

どこに行っても、

「なんであんなプレーをしたのだ」

「あそこではこうしないといけないだろう」

と批判される毎日。メンタルは正直ボロボロでした。チームの中でも肩身が狭く、でもキャプテンとしてがんばらなくてはいけない。チームメンバーの親からの批判を背に受けながらベンチで応援する。

こんな状況に耐えることができますか。

そのころの私は本当にきつかったです。しかし、どうしてもサッカーを辞めない理由があったのです。それは3歳年上の姉の存在でした。

姉は子どものころから〝がんばり屋さん〟という言葉が一番似合う女の子でした。小学校でも陸上と勉強を両立させ、なんでも一生懸命な子でした。歴史のあるその小学校の生徒会長は歴代、男子生徒しかやらなかったのに、姉は初代女性生徒会長になったほど誰もが認めるできた子でした。

そんながんばり屋さんでなんでもできる姉が中学3年のとき、突然病に倒れました。私が小学6年のときのことです。命に関わるほどの大病で、私も両親も姉が本当に死んでしまうのではと、心配で寝られなかったほどです。私は中学3年の姉が必死で病気と闘う姿をいつもそばで見ていました。

私は中学3年のとき、サッカーで苦しかったとき、中学3年で病と闘った姉と比べて僕がこんなことで負けるわけにはいかないと心に言い聞かせ続けたのです。(姉のためにも絶対にサッカーを最後までやり遂げる。格好いい弟でありたい)

私が3年間、サッカー生活を無事終えることができ、責任を全うできたのは姉のおかげです。姉は今は元気に暮らしていますが、私の中学3年の経験は、今の会社で新規事業を任されたとき、自分を支えてくれました。逆境は自分を成長させてくれていると考えています。スポーツを通じて、根性、忍耐力をつけたからこそ今があると思っています。

アルバイトで知った営業の一端

高校に進学した私は、3年間サッカー部に所属しました。このときは楽しく過ごすことができました。キャプテンをしてほしいと頼まれましたが、中学時代のキャプテンで補欠というつらい経験があったので、引き受けることができませんでした。副キャプテンならできると思い、副キャプテンをさせてもらいました。

弱小チームだった当時のサッカー部は、私たちの代で熊本県内ベスト8にまで進むことができました。楽しんでサッカーができる喜びと感動を高校時代に味わいました。

小学4年から高校3年までの9年間、サッカーなくしては私の青春を語れないくらい、サッカーは私を成長させてくれました。

プロサッカー選手になりたいという夢は消え、大学に進学した私はサッカー以外のスポーツがしたいと思い、バレーボールサークルに入りました。サークルは部活と違い、気楽な仲良しグループ活動といった感じで、とくに飲み会が多かったです。

両親に迷惑をかけたくなくて、アルバイトをして少しでも生活費を稼ごうと、近所の居酒屋でアルバイトをしました。居酒屋には、いろんなお客さまが来てくれました。今まで会ったことない職業の人も多く、いろいろなことを教えてもらいました。アルバイトを通してさまざまなお客さまと仲良くなることで、コミュニケーション能力を身につけることができたのかなと思います。

1年ほどして、今度はガソリンスタンドのアルバイトを始めました。

居酒屋と違っていたのは、ガソリンスタンドという仕事はお客さまに攻めの営業をしなくてはいけなかったことです。居酒屋は待ちの状態で、言われたとおりに動けばよかったのが、ガソリンスタンドではガソリンや軽油のような油以外の品物やサービスを売らなくてはいけない。

つまり、ガソリンを入れに来たお客さまに声をかけて、ガソリン以外のものをすすめなければいけませんでした。私より年下の子のほうが売り上げが良く、悔しくてたまりませんでした。「負けたくない」という気持ちが湧き上がってきました。車が好きで始めたガソリンスタンドのアルバイトは、毎日が攻めの営業ばかりで、お客さまに断られるのがとても怖く、いつもドキドキしていました。毎日がチャレンジの連続です。チャレンジがあるから失敗もたくさんしました。

仕事の重みを思い知らされた

ガソリンスタンドでの失敗の中でも、私が一番忘れられない事件があります。それは、軽油とガソリンを入れ間違えるという大失態を演じてしまったことです。軽油を注文されたのに、私はガソリンを入れてしまいました。お客さまが気づく前にわかったので、私はお客さまの車が走り出す前に失態の説明をして、土下座して謝罪しました。突然の出来事に驚いた店長が飛んできました。

お客さまは私の謝罪に驚かれていました。店長が一緒に謝ってくれたので、幸いお客さまも許してくださり、車のガソリンタンクをすべて洗浄し、点検し、故障が出ないようにすべてチェックしました。お客さまに必死で対応している店長を見て、私の胸は苦しくて、いたたまれない気分になりました。

（なんでこんなことをやってしまったのか）

と深く反省しました。この事件がきっかけで、私は仕事の重みを思い知らされました。今でも仕事の事前準備をしっかりするのは、このガソリンスタンドでの経験が大きいと思います。仕事上のミスは、本当に大変なことを引き起こしてしまう。責任が伴うということを21歳の私は学ぶことができました。

あこがれの父のような営業マンになりたい

大学4年になり、いよいよ就職活動。大学の就職課の情報を見ながら住宅の営業マンになろうと考えました。なぜなら、父のような営業マンになりたいという気持ちがあったからです。そして住宅営業をしたいと思ったのは、契約さえ取ればたくさんお金がもらえるという単純な動機からでした。当時の私にとっては、若くても成果次第で出世できることが魅力的でした。

自分さえ一生懸命がんばれば、どこの会社に入っても同じだという価値観があり、若くてもお金をたくさん稼げる仕事に魅力を感じていました。

いろいろ調べていく中で、T建設という住宅会社が目に止まりました。父の勤めていた会社がS建設という名前でしたので、私も〝○○建設〟という名前の会社に勤めたいと思ったのです。T建設会社に履歴書を出し、私は1次選考会に参加しました。1次選考を合格し、2次選考会では福岡営業所の所長さんが面接し、簡単な筆記試験がありました。私は2次試験も合格し、いよいよ役員面談の3次選考会に進みました。3次選考会では、次のような質問がありました。

「なぜ、ここを希望したのですか」

「たくさんお金を稼ぎたいからです」

笑われるかもしれませんが、私の本心でした。

「お金をたくさん稼いで何を買いたいの」

「はい、セルシオ（当時、人気の高級車）です」

質問した役員の方は笑いながら、

「君、生意気だね。マークⅡ（セルシオよりグレードが低い車）くらいにしときなさい」

と言いました。

このような面接にもかかわらず、私は内定をもらいました。そして、2002年4月にT建設に入社しました。

同期は私を含めて男性のみ10人でした。女性は1人もいませんでした。1か月の研修期間を終え、各営業所に配属されるのですが、私の配属先はその中でも厳しいことで有名な営業所でした。福岡の西にある営業所で、その営業所長は大手有名住宅会社でやり手の営業マンでしたが、人間関係がうまくいかず、いづらくなり、優秀な部下2人を引き連れてT建設に転職したという人でした。

配属先の営業所は、T建設の中でもできない営業マンが配属されるという噂があり、所長と部下2人のその営業部に私は唯一、新入社員として配属されたのでした。

上司の顔色をうかがう先輩たち

配属されてすぐ、営業所の飲み会がありました。私の歓迎会ではなく、先輩社員が契約を取ったお祝いということで、所長が部下を連れて飲みに行くということでした。

たまたま私も同席させていただきました。初めての社会人としての飲み会で私は衝撃を受けました。

所長の前でペコペコ頭を下げていた先輩が、所長が帰った途端、態度が180度変わったのです。

「だいたいこんな飲み会行きたくないのに」

その先輩は、ぶつぶつ所長や会社の不平不満を新入社員の私に言うのでした。

飲み会の席では、所長の前に出るとペコペコ頭を下げ、上司が煙草を出すと、自分の内ポケットからさっとライターを出し、

「どうぞ所長」

と、タバコの火をつけてあげるのです。今の若い人には信じられない光景だと思いますが、私たちの時代は、これは普通の光景でした。そして、先輩は私に目配せするのです。

「新入社員、お前がやれよ」

言葉ではなくジェスチャーで合図するのでした。

その飲み会の席で、先輩が飲みすぎて歩けない状態になってしまいました。タクシーを呼んで酔っぱらっている先輩をタクシーに乗せるとき、もう一人の先輩がふざけて酔いつぶれている先輩のズボンを下ろしたのです。

今でも衝撃的で忘れられない光景です。

私はどこの住宅会社も一緒だ、自分次第だと思っていたので、早くこの環境に慣れようと無我夢中で先輩たちの言うことをきき、先輩の顔色をうかがい、そして仕事を一生懸命覚えました。

がんばってもがんばっても、先輩たちは新入社員の私にお客さまを回してくれません。完全歩合（基本給が低く、成果報酬主義の給与体制）の業界ですので、契約しなければお給料は雀の涙しかありません。それでは家賃も払えず生活なんかできません。先輩たちも自分の生活を守るために必死なので、私のことなど親切丁寧に教えてくれるわけありません。お客さまの取り合いです。一番立場の弱い私は、所長にどうしたらいいか相談しました。

100万円のボーナスで大盤振る舞い

「君は土地の販売に向いていそうだから、土地の場所を決める抽選会会場から出てくるお客さんをとにかく捕まえて、アンケートをもらってこい」

私は言われたとおりにしました。抽選会場に一人で行き、まわりを見回しました。住宅会社の営業マンらしき人は誰一人いませんでした。私の先輩たちも一人も来ません。

（俺だけなのか）

私は手あたり次第に通りがかりの人、抽選会会場から出てくる人たちに必死で声をかけまくりました。お客さんに無視され続けてもあきらめずに、笑顔で声をかけ続けました。心が折れそうになるのをこらえ、必死で声をかけ、攻めの営業を続けました。ガソリンスタンドでの経験が役立ったのかもしれません。

（とにかく笑顔で声をかけ、アンケートを書いてもらうのだ）

そうこうしているうちに3名の方が私の声に振り返ってくれて、アンケート調査に協力してくれました。

実は、この3名の方のうち2名が私のお客さまになってくれました。努力が実り、私はT建設の新人賞を受賞することができ、それが自信となりました。同期10人の中で一人しかもらえない新人賞。ここでも私は1番になることができたのです。

契約も半年で2件。もちろん所長のお力添えのおかげで私の担当で2件の契約を取ることができたわけです。そして、2年目は3件契約。3年目は8件契約と私は順調に住宅営業マンとして成長していきました。

3年目のとき、私は初めて100万円というボーナスをもらいました。それまで極貧生活をしていた私が急に大金を手にしたわけです。みなさんどうしたと思いますか。

私はまず車を買い替え、スーツを数着買い、手帳を買いました。そこまでは仕事で使うという理由があるからいいのですが、仲良しの女の子たちに大盤振る舞いでごちそうするという馬鹿なことをやってしまったのです。つまり無駄使いをしてしまったのです。単に良い格好したかっただけでした。１００万円のボーナスをもらったことで、こんな生活がこれからも続くと大きな勘違いをしてしまいました。当然、１００万円はあっという間になくなりました。

年間8件の契約といっても、前半2件、後半6件です。半年で6件も取ってしまうと、実は契約後の仕事が大変になります。次の契約に向けた動きがなかなかできないのがこの住宅業界です。次のボーナスは当然営業成績が落ち込み、10万円ほどしかもらうことができませんでした。このときはさすがに落ち込みました。

妻と息子を幸せにしたい

ちょうどそのころ、行きつけの居酒屋で妻と出会いました。初めて会ったとき、本当に美しい人だなと心を奪われました。何度か会ってご飯を食べに行くうちに、私のつらい悩みに耳を傾けてくれる妻を好きになり、交際を申し込みました。

妻には結婚経験があり、息子がいました。私は妻も息子も大好きで、この２人を養っていくためにも、このままではいけないと一大決心をしたのでした。
（転職しよう。もう少し安定した生活をさせてあげたい。この２人を幸せにしたい）

私は今の会社の社員だった出川さんと同じ場所で土地の販売の仕事をしたことがありました。そのとき出川さんは、自分の勤める会社が本当に大好きだと熱く語ってくれました。私は愛社精神などを教え込まれたこともなく、出川さんの楽しそうに話すその表情がとても印象的でした。愛社精神という価値観に大変驚きました。

（出川さんの会社っていったいどんな会社なのだろう）

私を可愛がってくれている人で、出川さんの会社の社長と知り合いの人がいました。その人にお願いして社長を紹介していただき、すぐに面接をしてもらうことになりました。そこで早速、本社に訪問し、運良く採用となりました。

完全歩合制の住宅業界しか知らなかった私が、毎月安定した収入で、愛する人とその息子を幸せにできると心の底から嬉しくなりました。１００万円のボーナスで豪遊し、その後、極貧生活に舞い戻った私は、この安定収入にとても魅力を感じました。そして、自分の会社をこよなく愛する社員がいる夢のような会社があるのかと期待に胸を膨らませておりました。

（よーし、これからがんばるぞ！）

8月の入社当日、本社の大会議室で社員全員の前で挨拶したとき、

（なんて明るい雰囲気なのだろう。良い人たちそうだ。でも、これは見せかけなのかなあ）

疑いたくなるくらい良い雰囲気の社員たちを見て、正直驚きました。不安もたくさんありました。しかし、

（後には引けない。家族を守るのだ。成果を出して、不安を払拭すればいい）

そう考えたのでした。

8月に入社して1年間は、契約件数がゼロでした。成果を上げられず悔しい思いをしていました。申し込みを6件もらいましたが、すべてキャンセルとなりました。転職したばかりで、申し込みをもらっても次にどうしたらいいのかわから

ず、手探り状態でした。

1件目の契約まで1年かかりましたが、その1年間は私にとって忘れられない時間となりました。

「お前が一番したいことをしろ」

入社して2か月後の10月、会社から研修に行くよう言われました。研修に行った先輩たちにどんな研修なのかを尋ねても、誰も内容は教えてくれませんでした。みんな笑顔で、「楽しい研修だよ。がんばっておいで」としか言ってくれないのです。正直、怪しいものかなと思いながら、勇気を出して行ってきました。

今もなお、研修内容は言えませんが、自分の現在地を知ることができる研修とでも言っておきましょうか。「自分が本気でやるということの大切さ」を学べた3日間でした。研修に行かせていただいて本当に感謝しています。

実はこのころ、妻との結婚に私の両親は反対していました。大好きな父から反対されたのが一番つらかったです。しかし、この研修後、社長からこう言われました。

「畑田、お前が一番したいことをしろ。応援するから」

この言葉に勇気をもらいました。そして、私は父の猛反対を押し切って、

「彼女と結婚する」

と父に宣言しました。この研修があったからこそ、いろいろな気づきがあり、社長がとても近い存在になりました。まさにあこがれの存在。福岡の父親的存在となりました。

それから2か月後の12月24日に私は彼女と入籍し、家族になりました。そして入籍と同時に父親にもなり、3人での生活が始まりました。しかし、そのころも営業成績はまだゼロでした。入社して4か月が過ぎても成果を上げられず苦しんでいました。

年末、あるお客さまと出会いました。そのお客さまこそが、私の記念すべき契約1件目のお客さまでした。入社して1年後の8月に初めての1件目の契約。普

通の会社ではありえない話です。

中途採用の私を1年間も置いてくださった社長に今も心から感謝しています。社長は私を見放さず、あきらめず、ずっと見守ってくれていたのでした。

サプライズ結婚式に妻も感涙

この会社のすごいところはまだまだあります。なんといっても、社員全員が本当にいい人ばかりなのです。

たとえば、結婚式を挙げることができなかった私たちのために、私に内緒で準備をし、4月の初め、福岡でも有名な舞鶴公園の満開の桜の木の下で、

「畑田夫妻の結婚式をただいまから行います」

と、サプライズで人前結婚式をしてくれたのです。あいにくの小雨でしたが、感動的な結婚式となりました。

花嫁用の髪飾りもブーケも用意されており、妻は感動で涙を流していました。息子も私たちの結婚式を見て、本当に嬉しそうでした。全部、社員さんがこっそ

り用意してくれたものでした。大きくてきれいなウエディングケーキも用意され、2人でケーキ用ナイフを握り、みんなの前でケーキに入刀。私たちにとって忘れられない門出となりました。

そのとき妻のお腹には双子の赤ちゃんがおり、結婚式から3か月後の7月に、私は3人の息子の父親になりました。翌8月には初契約と、今までにない良いことばかりが続いて起こりました。転職したときはどうなるかと思い、必死でがんばってきた私に会社はたくさんの感動と喜びを与えてくれました。そしてさらにその2年後には待望の娘が誕生しました。

数年で4人の父親になった私。家族全員で6人という大所帯。もっともっとがんばっていかなければならない理由ができました。

失敗から多くのことを学んだ

今まで出会ったお客さまも、私にとっては本当に素晴らしい方ばかりで、たくさんの良いご縁がありました。

もちろん9年間住宅営業をしていたら、たくさんのトラブルやお叱りもありました。しかし、そんなとき私はいつもこう言うのです。

「大変申し訳ありませんでした。私の責任です」

そして、全力でそのトラブルが解決できるよう素早く動きます。お客さまから不安を取り除き、幸せを提供する。お客さまの幸せが私の幸せであることを私はこの会社で学ぶことができました。

お金をたくさんもらえるという基準で仕事を決めた時期もありましたが、お金だけでは幸せにはなれない。生き甲斐やり甲斐は顧客満足と社員満足の両方があるからこそ生まれる。仕事を通して自分の価値に気づくことができる。私はそう思います。

これまでの私の人生で学んだことは、つらいことはすぐに成果が出ない。じっくり成果が出てきたとき、あのときのあれがあったからかと思い返すことができます。

「成功するか、学ぶかだ」

と言った人がいました。よく考えてみると、私も成功体験から学んだことはあまりないと思います。今までたくさんの失敗を重ねてきました。失敗を経験ととらえて、今後どうしたらいいかと深く考えました。失敗から多くを学びました。つまり失敗は成功の元なのです。

（失敗があるから成功がある）

チャレンジしない人は失敗しません。だからチャレンジしただけ成功の確率が上がります。

社長がよく言う言葉があります。

「棚から牡丹餅」

棚の下に行かないと、牡丹餅は手に入らない。つまり、棚の下に行く努力をしないと、チャンスを手にすることはできないという意味です。待っていても何も生まれません。自分で最善、最高の努力を積み重ね、一生懸命に生きてこそ牡丹餅は得られます。

私は父親を尊敬し、あこがれているとお話ししました。今現在、私は４人の愛する子どもたちからとても愛され、大切にしてもらっています。自分のビジョンを達成できている自分自身にとても誇りを持っています。

なりたい自分を目指す。人生の目的、目標を持つことはとても大切なことです。そしてもう一つ、この会社で学んだことは、自分に厳しいぶんだけ、人に対しても正しさを押しつけている自分がいたことに気づくことができたことです。

この会社で学んだ価値観は、一人一人に正しさがあり、そして、ぶつけ合うのではなく、相手を受け入れ、認め合う大切さです。

部下を持つようになり、ついつい自分の正しさを押しつけ、嫌な思いをさせたこともありました。しかし、この会社で、人の温かさ、ぬくもり、優しさをたくさん感じました。

出川さんの言ったとおり、とても良い会社でした。この会社の社員さんたちはみなさん誠実で、一生懸命な方ばかりです。「人を信じる」ということは、相手への「思いやり」だと思います。社員どうしもお客様との関係もこの「思いやり」という絆でつながっているからこそ、相手を受け入れ、優しくできると思います。

私もこの会社に入社できて本当に良かったと今は誇りをもって働いています。

これから社会人になる人は、社会に出ていろいろな経験をされると思います。私の経験で良ければ、ぜひ思い出していただきたいです。私の体験を何かのお役に立てていただけたら本当に嬉しいです。

長くなりましたが、最後まで読んでいただきありがとうございました。

Story 5

先輩の背中を追いかけて

入社11年目になる営業職の出川裕司さん（32歳）は、弊社で営業チームのリーダーを任されています。新卒で入社し、営業でも優秀な成績を上げ、職場で出会った美しい奥さまと結婚。そして結婚した翌年、かわいい娘さんが誕生。さらに、この取材から少しして、かわいい息子さんが誕生。2児のパパになりました。今では、弊社の家を家族のために建築しようと懸命にがんばっています。まさに幸せいっぱいの出川さんです。

入社して11年間、会社の中で一つずつ幸せを手にしてきました。しかし、初めから思ったとおりにいったわけではありません。社会人になってから、出川さんにもたくさんの苦労がありました。

私が出川さんに初めて会ったのは、まだ大学を卒業したばかりで、入社式前日にあった会社恒例のお花見のとき。いかにもスポーツ経験者という小麦色の肌に、真っ白い歯が目立つ青年でした。とても元気のいい、ハツラツとした若者で、好印象でした。

入社式が終わり、いよいよ社会人となった出川さん。実はこのとき、お恥ずかしい話ですが、弊社では新入社員をお世話できるような環境ではありませんでした。営業がそれぞれ、自分の契約数字を追いかけるので必死だった時代でした。出川さんの面倒を見る営業マンはおらず、彼は毎日、自分で仕事を見つけたり、用事を聞いて回ったりして、仕事を覚えていたのでした。

何もすることがなく、ぼーっとしていたら先輩に怒られるし、今にして思えば、育成できる環境でなかったころによく耐えてくれたなと感謝している社員さんの一人です。

弊社にとっても冬の時代と言うべきときでした。今は、明るくて良い社風になってきていますが、この頃の苦労があってこそだと思います。

だからこそ今回は出川さんのお話を聴かせていただきたいと思いました。彼のモチベーションがなんなのかを知ることで、少しでもみなさまのお役に立てると思ったのでした。

出川さんも、少しでも自分の経験が誰かのお役に立てればと、快く引き受けてくれ、誠実にお話をしてくれました。

楽観的に構えていた就職活動

私がこの会社に入社するきっかけは、大学時代のアルバイトでした。

大学のサークルの先輩の紹介で、時間貸し駐車場の管理人を2年間しました。福岡の繁華街にある駐車場で、夕方5時から夜中12時まで時給780円、夜中12時から朝8時まで時給900円。当時は仕事内容のわりに収入の良いアルバイトでした。車の出入りがないときはテレビを観たり、漫画を読んだり、自由にできる気楽な仕事でした。

その駐車場をよく利用してくださる税理士の方がいらっしゃいました。職業柄か顔の広い方で、気さくで明るく、いつも私に声をかけてくださるとても感じの良い人でした。

機械式駐車場なので、お客さまが車を出すときに待ち時間があります。そのときいろいろな話を聞く機会がありました。私が大学3年のとき、その方から就職のことを聞かれました。

「出川君、就職先はどうなっているの」

その当時は就職活動を大学3年の12月から始めるという人もいて、同級生たちのうち何人かは3年の2月から3月には内定をもらったと喜んでいました。私は就職活動をしなくては、という気持ちはありましたが、就職氷河期といわれた時代で、何の根拠もなく楽観的に同級生を横目で見ていました。正直、焦りもあったので、その方から声をかけられたときは（さあ、どうしたものか）と考えている時期でした。

「いいえ、まだです。どこか良い会社をご存知ですか」

私がそう答えると、その方は知り合いの就職支援会社を紹介してくださいました。

「まだだったら、ここに行ってみたらいいよ」

お客さまに言われたとおり、私は紹介された就職支援会社を訪問しました。

就職支援会社の方からは、

「何系が良い」

と聞かれました。私は人と話すことがとても好きでしたので、

「営業がしたいです」

と答えました。

その当時、学生に人気の業界は不動産業でした。不動産業は稼ぎが良いというイメージがあったからです。私は不動産会社の営業職をいくつか紹介してもらい、3社ほどに履歴書を出し、面接に行きました。地域でも有名な不動産会社ばかりでした。

就職氷河期のせいか、私は3社とも不採用でした。そのときはさすがに落ち込みました。就職支援会社からは、不動産だけでなく飲食業などいろいろ紹介してもらいました。

小さな町の不動産屋さん?

あるとき、企業3社ほどの前で学生一人ひとりが自分をプレゼンして、採用をその場で決めるというイベントに参加しました。私はそのとき、就職先を早く決

めたい一心でとにかく思いを込めて、必死に自分をアピールしました。そのプレゼンが良かったのか、3社とも「採用」というプレートを上げてくれました。

しかし、その会社を調べたり、いろんな人に聞いてみると、私の思い描いていた不動産業でもなく、営業職でもなく、「ここに就職したい」という気持ちになれませんでした。自分の将来のやりたいことを思い描きながら就職活動をするうちに、私がイメージする不動産業の営業職というビジョンが明確になってきました。どうしても不動産業で営業がしたいという気持ちが強くなり、3社の採用をお断りしました。

もう一度、就職支援会社に出向くと、ちょうど今の会社の求人募集を目にしました。社名を聞いてもピンとこなかった私は、どうせ小さな町の不動産会社だろうくらいにしか思えませんでした。私はとにかく不動産業の営業がしたかったので、小さな会社でも良いと思い、その話に飛びつきました。

この会社の本社を訪ねたとき、私は正直驚きました。

「小さな町の不動産屋さん」と思い込んでいましたので、建物の大きさにびっくりでした。

（なんてきれいな会社だろう。こんなに大きかったのか）

これが第一印象でした。本社の白い階段を上ると、きれいな玄関がありました。中に入ると受付カウンターがあり、カウンターのさらに奥には広い住宅資料館がありました。

（すっ、すごい！　不動産屋さんじゃなくて、住宅会社だったのか）

いきなり社長面接でした。初めて会った社長は、自然体で話しやすい人でした。

（やさしそうで、威張ってなくて、感じの良い人だな）

面接の内容も、私が中・高と野球部だったこともあり、野球の話で盛り上がりました。

「どこのファンや？」

「巨人ファンです」

「巨人ファンは駄目だぜ！」

といった感じの会話でした。社長は地元福岡のソフトバンクホークスが大好きで、冗談交じりに笑いながらそうおっしゃいました。

（この社長となら、一緒に働きたいな）

面接が終わり、自宅に帰ると、その日の夜には採用の連絡が入りました。

私が大学4年の6月のことでした。

（やっと就職先が決まったぞ！）

ただ一度だけ会社を辞めたいと思った

就職先が決まったので、私は就職活動をすぐに止めました。この会社でお世話になると決意しました。

大学卒業後の4月1日が入社式。学生気分が抜けないままの社会人1年目。同期が2人いて、ワクワクしながらも、新しい環境になじめるかどうかわからない不安もあり、毎日、慣れるのに必死でした。

しかし、当時の上司は私に何も教えてくれませんでした。先輩たちも口調が厳しく、怖い印象を受けました。在庫管理の業務を任せられたのですが、それをうっ

かり忘れたときは、

「なんでやってないの。どうしてなの」

と責められることがあり、どんどん自信がなくなっていきました。

華々しい住宅会社の営業マンというイメージと、何もできない自分とのギャップに苦しみました。教えてもらえないという被害者意識も強くなっていきました。

(俺、何をやっているのだろう。どうして誰も教えてくれないのだろう)

一緒に入った同期とも仲良くなれず、唯一声をかけてくれたのは現場監督の社員さんたちでした。

「出川君、一緒に飲みに行かないか」

7つ年上の先輩が私を誘ってくれ、社会人として大切なことをいろいろ教えてくれました。営業成績がいつもトップの最年長営業マンの先輩も気にかけてくれるようになりました。そして、少しずつ会社に慣れてきたころに、事件が起きました。

入社して1か月過ぎた5月、とくに指示もなく何をしていいかもわからなかったので、いつもどおりに終業時間を確認してタイムカードを打ち、自宅に帰りました。家に着いた1時間後に先輩から電話がありました。

「出川！　お前何やっているんだ。今、営業みんなでお客さまに電話かけしているんだぞ。勝手にどこに行っているんだ。勝手に帰るなよ。すぐに戻って来い」

この瞬間、今まで抑えていた感情が一気にあふれ出て、初めて会社を辞めたいと思いました。

（同期で入社した人はやさしい先輩について、親切丁寧にいろいろ教えてもらっているのに、なんで俺だけなんだ。俺だけ厳しい先輩で、何も教えてくれないじゃないか）

同僚は入社後、現場監督の部署に配属されました。私に親切にしてくれた先輩たちは現場監督ばかりでした。優しい監督さんばかりの中に同僚は配属されたので、いつも親切丁寧に仕事を教えられているように見えました。

反対に、私には誰も教えてくれない環境。ほったらかしにされている状態。悲観的になるのも仕方がないですよね。この時期は本当に辛かったです。仕事を教えてもらえる同僚が羨ましくて仕方がありませんでした。

小学時代から高校3年まで、私はソフトボールと野球をしていました。大学時代のサークル活動も一度も辞めようと思ったことはなかったです。いまだかつて〝辞める〟という選択肢がなかった私にとって、今回の件は本当にショックでした。

先輩に戻って来いと言われたにもかかわらず、私は会社に戻ることもできず、そのまま大学時代からの行きつけの居酒屋に駆け込みました。つらいときや悲しいとき、そこに行けばいつも私の話を聞いてくれる店主や常連の人たちがいました。私は常連の末永さんという人に会社を辞めたいと言いました。末永さんは私の話をひととおり聞くと、笑いながら言いました。

「出川、そんなの普通だぜ！　社会人ってそんなものよ」

このひと言は私にとってすごく衝撃的でした。学生気分のまま働いていた自分が甘いということを知らされたのです。

（社会人って、こんなものなのか）

末永さんのひと言で、気持ちがすごく楽になりました。

（俺だけがそんな思いをしているのではないのか。みんなが通る道なのか。なんだそうなのか。そんなものなのか。社会人って……）

入社して11年になりますが、このとき以外に会社を辞めたいと考えたことは一度もありません。それからのほうが大変なことがたくさんありましたが、今思えば、入社したときの自分の考え方そのものに問題があったのかなと感じます。肯定的に考えず、否定的な考えに支配されてしまったかなと反省しました。末永さんのこのひと言で、今の私があると言ってもいいと思います。

熱血先生から受けた愛のげんこつ

ここで少し、私のことを知っていただくためにも、私がどんな学生生活を送っていたのかをお話ししたいと思います。

私には1つ上の兄がおり、小学1年で兄はソフトボールを始めました。1つ下の幼稚園児だった私は、いつも兄について行って練習を見学していました。お菓子をもらう兄を見て、単純に「いいなあ」と思い、「僕もソフトボールをしよう」

と決めました。

小学1年になると、兄と同じソフトボール部に入部し、小学2年のころには、

「こいつはすごい。素質がある」

とまわりからの評価も高くなり、セカンドで2番を任されました。小学6年のときには指宿《いぶすき》でも有名になり、鹿児島県でもベスト4に入るようなチームになっていました。小学校のときからガキ大将で、中でも中心的な悪ガキでした。

中学時代は、兄と同じ野球部に入部しました。部員も20人弱で、人数が少ないチームでした。チーム内の雰囲気はあまり良くなく、一人ひとりの実力はあるのですが、チームとしてはベクトルが合っていないチームでした。野球の話をすることはほとんどなく、馬鹿っ話に花が咲き、とても弱いチームでした。私は2年生でレギュラーになりました。

中学生時代の私は、先生から見たらとても扱いにくい学生でした。遅刻欠席はなし。タバコは吸わない。髪型服装も普通で問題ない。勉強も上位。体育やスポーツも抜群にうまい。ここまで読むと、〝優等生〟に聞こえますが、実は、友人は

ヤンキーのような悪ガキばかりで、私は先生に反抗的な態度ばかり取っていた生徒だったのです。家庭科の授業では、女性教師の前で堂々とトランプしたり、授業妨害をしたり。先生に注意されても、

「はあ、うるせい」

と大きな声を出して、先生も生徒も怖がらせるような悪ガキでした。授業中は漫画を読み、自分の好きなように過ごしていました。ここまで読んだら、本当に質の悪い学生だとわかるでしょう。

今考えると、自分でも不思議なのですが、なんでこんなことしちゃったのだろうと思います。指宿のヤンキーばかりが友人で、その中で格好つけていたのです。法律に触れることはしませんでしたが、反抗的な態度は3年間続きました。

私の人生が良い方向に変わったのは、中学3年のときです。体育担当の梶原先生が私を変えてくれました。いわば恩師です。昔、『スクールウォーズ』というテレビドラマがあり、泣き虫で熱血の先生が主人公なのですが、梶原先生はまさにその熱血先生でした。

25歳くらいの若い梶原先生はある日、授業中に堂々と漫画を読んでいた私を見つけて校長室に連れていきました。校長室には先生と私の2人きりです。

校長室のソファに腰かけている私に先生はこう言いました。

「出川君がこれ以上悪くなるのをもう見ていられない。君はこんなことする生徒じゃないだろう」

あまり覚えていないのですが、私はこのとき先生に反抗的な態度を取ったのでしょう。今は大問題になりますが、梶原先生は私の顔をグーで2発殴りました。顔が腫れ、鼻血が出て、心が痛くなりました。15歳の私は、そのときそれまでの3年間をとても後悔したのを強く覚えています。

（先生、ごめんなさい。そして、ありがとうございます。俺はこんな人生を歩みたいんじゃない！）

殴られて初めてそう思いました。

実は私は、野球で高校進学できる特待資格をもらっていました。そして私もそのまま野球で高校進学するんだと考えていました。でも、この梶原先生の愛のげんこつのおかげで、私は目が覚めました。簡単に進学できる特待を断る決断をしたのでした。

（俺は、こんな生き方がしたいんじゃない。もっとできることがあるかもしれない。そのときのためにも、今から勉強して普通科に行って、大学進学しよう）

自分で決めたことはとことんやる性格でしたので、私はその日を境に必死に勉強に励みました。

そして、行きたい高校に合格し、自分の道を切り拓くことができたのでした。梶原先生の愛がなければ、今の自分は本当にないと思います。

社会人としてのスキルを学んだ高校時代

高校時代は中学時代とは正反対で、超がつくくらいまじめな生徒でした。明るく素直になり、友人もたくさんできました。高校時代も野球部に入部し、そこではのびのびと野球に打ち込むことができました。50人ほどの部員の中に兄もいました。

兄の友人たちが先輩だったこともあり、私はすごくかわいがられました。野球部で人間関係構築のコミュニケーションスキルを磨いたのだと思います。上下関係や礼儀作法、挨拶など、社会人として大切なスキル磨きができた期間だと思います。

高校のときはまわりの人の顔色をしっかり観察し、嫌がることは絶対にしないという気配りを大切にしてきました。これは今の営業職でも活かされていると思います。

鹿児島県ではベスト16に入るまでのチームに成長できました。今、振り返れば高校時代が一番楽しかったように思います。

野球人生といっていいような学生時代を送ってきたからこそ、今の私がありま す。そしてこの会社に入社して辞めようと考えたときも、末永さんに「社会人ってこんなものだ」と言われ、なんだか元気が出て、今まで続けることができたのも、つらい練習で心身ともに鍛えられてきたからだと思います。

私は入社して数年間は手探りで仕事を覚えました。先輩に必死について行き、見様見真似でがんばってきました。しかし、それは我流の営業スキルでした。
そのスタイルを変えてくれる運命の出会いがありました。

全然なっていなかった自分

入社して2年目の夏、畑田さんと出会いました。畑田さんは当時27歳で、中途入社。同業他社で営業マンとして働いた経験を持っていました。私よりも3歳上の先輩社会人。入社したことがきっかけで仲良くなり、よく飲みに行くようになりました。

ある日、居酒屋で畑田さんは本気で私を叱ってくれました。めちゃめちゃ厳しい叱り方でした。どんなことで叱られたかというと、畑田さんが前職で習った営業マンとしての心構えからすると、私が全然なっていないというのです。

「そういうのってダメだよね」

と厳しく何度も叱られました。畑田さんは仕事に対して信念がありました。

（俺は負けない！）

という強い信念。男としてとても格好良く、尊敬できる人だなと感じました。手探り状態で、我流で仕事をしてきた私とは明らかに違う面がたくさんありました。

たとえば、仕事に対しての燃えるような情熱は、畑田さんに比べると私はまだまだといった感じでした。目標の契約数字達成するという信念も、ものすごいものでした。お客様に対する想い、仕事に対する想い、成功するという想い、どれをとっても畑田さんは燃えるような想いを抱いていました。

入社して1年間、契約数ゼロだった畑田さんは、2年目から契約数をぐんと伸ばし、入社2年目にはリーダー（課長職）に昇進しました。29歳でリーダーになり、そこでも実績をしっかり上げ、32歳でマイホームを新築。結婚もし、子どもも誕生し、ビジネスで成功し、プライベートでも幸せを手にしていったのでした。

（畑田さんについて行こう。絶対にこの人のようになりたい。スキルも人生もステップアップしたい）

正直、畑田さんとの出会いがなければ、成長したいとか昇進したいとか考えていなかったと思います。どうしていいのかわからない自分にとって、目指す指標を手にしたような気分でした。

畑田さんのようになりたいと、畑田さんの背中を見て強く思うようになりました。まわりに尊敬できる人がいるというのは本当に幸せで、感謝しかないと思います。

私は畑田さんの仕事のやり方を常に意識し、観察し、真似できるものは真似し、教えてもらえるものは教えてもらい、相談したりしながらたくさん学んでいきました。2人で任された新規事業では、私は年間10件の契約を取ってこられる営業マンに育っていました。そしてどんどん自信がついていきました。

人生がうまく軌道に乗ると、本当にいい出会いがあるものです。

入社して5年目に、妻が中途で入社してきました。笑顔がとても可愛く、いつもニコニコしている彼女にとても惹かれました。3年ほどの交際期間を経て、私は入社して8年目で結婚しました。翌年、長女が誕生。畑田さんのように幸せを一つずつ手にすることができるようになりました。

人生のご縁に感謝する毎日

「思考は現実化する！」

それを強く思い、願い、行動すれば、絶対に手にすることができる。そう思える自分になりました。

入社した当時は否定的な考えに飲み込まれそうになったこともありました。そういうときはすべてがうまくいきません。畑田さんはいつもポジティブで、積極的にどんどん実践していくタイプ。自分もそれを真似たことで、本当に思い描いた人生を手にすることができました。良い人と付き合い、そして良い人とともに学ぶ。これは本当に大切なことです。

現在、妻は2人目を妊娠し、私はもうすぐ2児の父親になります。これからは家族のためにも、もっともっとがんばっていきたい。そして成長と成果を手にしていきたいと考えています。

駐車場のアルバイトでお客さまに声をかけていただいたことで、今の会社にご縁を得て入社できました。この会社に入社しなければ、今の妻との出会いもなく、長女も生まれなかったと考えると、この会社には感謝しかありません。毎日が感謝です。私はこの感謝の気持ちをいつも忘れず、そして今までご縁があった人たちとの絆を大切にし、これからも健康住宅のお客さまを幸せにするために真心ある営業マンを目指します。

長くなりましたが、最後まで読んでいただき心より感謝申し上げます。

私のこの体験が何かにお役に立てれば幸いです。ありがとうございました。

Story 6

コンバースのトレーナー

入社7年目になる経理事務の田久保百合さん（38歳）は、弊社に入社した当時、3人の幼子を母一人で育てており、子どもたちも自分も幸せになりたいと、約7年間懸命にがんばってきました。

実は、私の直属の部下であった時期もあり、私は彼女のことをよく知っています。彼女は朝6時ごろ起床し、お弁当を作り、夕飯の準備をし、掃除洗濯、翌日の子どもたちの用意と、とても忙しい時間を過ごしています。保育園に子どもたちを送ってから出社。しかし、その大変さを感じさせることなく、毎日素敵な笑顔で社員さんたちと接し、仕事への取り組みもとてもまじめで責任感が強い努力家です。

繁忙期は帰りが遅くなることがあります。子どもたちも、そんなお母さんの大変さを理解しているのか、お母さんの帰宅時間にはトンカツの衣つけまで済ませて夕飯の準備をしてくれたり、お風呂の用意をしてくれたり、ご飯を炊いて待っていてくれたりと、とても協力的で素晴らしいお子さんたちです。

そうは言っても、育児をする中で良いことばかりがあるということは決してありません。

一番下の娘さんが小学校に入学したときのこと、学校になじめず、登校拒否になりかけたことがあります。唯一心を許していた保健室の先生に相談し、教室に1人で行けない娘さんを毎朝、出勤前に保健室に送り届け、その先生に子どもを託し、後ろ髪を引かれる思いで、会社に出勤してくる時期もありました。

朝、学校に行かないと駄々をこねる日も大変でした。

この時期は、無理して笑顔をつくり、がんばって働いてくれました。私が事情を尋ねると、涙をいっぱい浮かべて、育児の大変さを語ってくれたものでした。社員としての役割、3人の母親としての役割、そして一人の女性として、自分のしたいことも我慢することが多かったと思います。

育児と仕事の両立は想像以上に大変で、田久保さんのお話は、これから社会人になる若い人ばかりか、育児と仕事の両立で大変な人たちにも勇気を与えてくれると思います。彼女のご厚意で取材させていただきました。ぜひ、田久保さんのお話からいろいろなことを学んでほしいと思います。

夫の横暴に怯える毎日

私には現在、小学5年の息子、小学4年の娘、そして小学2年になる娘がいます。今は、この会社に入社して7年が過ぎ、入社した当時とは大違い。幸せな毎日を過ごせています。

雇っていただいた社長に感謝し、育児をしながら働けるように応援してくださる温かい社員さんたちに感謝しながら、私のことをお話ししたいと思います。

私がこの会社に入社して1年後に離婚が成立しました。

実は入社する前、私は夫のことでたくさん悩み、苦しんでいました。夫はギャンブル狂いで家にお金を入れてくれず、食費もない状態でした。夫は子どもたちに手を上げることも多く、当時4歳の長男は夫にとても怯えておりました。3歳の長女と1歳の次女は記憶にないようですが、小学生になった長男は今でも夫に似た人を見ると私の後ろに隠れるくらいです。

私の両親に援助してもらいながら、私たちは何とか生活していましたが、子ど

も用に買ったジュースも夫が飲み、

「こんな（子ども用のジュース）のを買う金があるならよこせ」

と非難される毎日でした。

求人広告の言葉に目が釘づけに

当時、幼稚園に長男と長女が入園するのに、入学金、制服代など2人分で20万円ほど必要でした。そんなときも、夫はギャンブル三昧で、家にはお金がなく、私は「自分で稼がなければ」とレジ打ちのバイトに出ました。私が働きだすと、夫は仕事を無断で退職し、とうとう私はもうこの人とは無理だと離婚を決心しました。私の両親は最初、離婚に反対しましたが、私の状況を知って離婚に同意してくれました。

夫は離婚に応じてくれるような人ではないと思っていたので、私は夫がいない隙に、車に詰められるだけの子ども服、子ども用品、おもちゃ、自分の服を詰め込み、逃げるようにして実家に帰りました。3人の子どもを連れ、これから先の不安を抱えながら泣くような毎日でした。

離婚をするにはまず仕事を探さなければと、就職活動を始めました。また、子どもの預け先（保育園）も探さなくてはと、３人の子どもたちを一緒に見てくれる保育園を必死で探しました。

10件以上の保育園の園長先生に会いに毎日出かけて行きました。ところが、保育園は働く人を応援するための施設なのに、仕事が決まっていないからという理由で断られ続けました。

就職活動で一番困ったことは、保育園が決まらないと勤務時間などを決めることができなかったことです。保育園と会社のどっちを先に決めたらいいのだろう……そのころの私は一人で途方に暮れていました。

そんなとき、ある保育園でこう言われました。

「４月からなら３人とも一緒に預けることができますよ」

その言葉を信じ、今できることを考えました。私が家を出たのはとても寒い時期、１月だったと思います。４月まで何とか実家で世話になりながら、４月から

働ける会社探しをしました。今のように、インターネットが盛んな時代ではなかったので、就職活動の情報源は求人雑誌や新聞広告が主でした。

新聞の求人広告を見ているとき、目に飛び込んできた言葉があります。

「この会社での出会いで　自分の人生が変わった」

この言葉に目が釘づけになりました。

（私も幸せになりたい。人生を変えたい）

私はこれらの求人情報から履歴書を出す会社を選び、写真を撮りに行きました。実はそのとき、私は仕事先を見つけることに必死で、何も考えることができなかったようです。今でも会社の人に笑われるのですが、履歴書に貼った写真は、ジャケットを着たきちんとしたものではなく、普段着のコンバースのトレーナー姿だったのです。しかし、このコンバースを着た写真を履歴書に貼ったおかげで、この会社に採用されることになったのでした。

「この会社での出会いで　自分の人生が変わった」

という求人広告を出したのが現在の会社でした。実はどんな会社なのかまったく調べもせずに履歴書を出したら、面接日の連絡が来たので訪問したという準備不足の私でした。面接の日は、さすがにリクルートスーツで訪問しました。

包み隠さず話したのが好結果に

面接室には3人の面接官がいました。うち1人は社長でした。

「なぜコンバースのトレーナーで履歴書の写真を撮ったのか、説明してくれますか」

いきなり社長に写真のことを指摘されたとき、私は心の中で「落ちた」と思いました。

こんなにきちんとした会社だと調べもせずに、普段着の写真を貼るなんて非常識ですよね。ただ、面接にリクルートスーツを着て行ったことだけが唯一の救いでした。

私は完全に落ちたと思い込んでいたので気が楽になって、離婚の話、3人の小さな子どもたちの話などを包み隠さず打ち明けました。結婚前まで働いてきた事務職の話、経理経験が少しあるという話、ウソ偽りなく正直に話し、面接が終わりました。

数時間後、スーパーで夕飯の買い物をしているときに、知らない番号から着信がありました。

「はい、田久保です」

「先ほどはどうも、畑中です。採用です。4月から来てください」

後で聞いたのですが、正直に話したのが良かったと社長に言われました。そしてこうも言われました。

「田久保さんが、面接にスーツで来なかったら採用にならなかったかもね」

私は、新聞の求人広告にあった「この会社での出会いで 自分の人生が変わった」という言葉にすがりたい一心でこの会社に入社しました。そんな私の現状を知っても、態度も変えず温かく見守っていただける社長にとても感謝しています。

この会社に入って人生が変わることを心から願いながら、私は就職先が決まったことを保育園に告げ、なんとか4月から入園と入社が決まりました。31歳の4月9日が私の入社日です。

保育園に3人の子どもたちを送り届け、泣きながら私を追いかけてくる子どもたちに背を向けて走り去るのはとてもつらかったです。幼稚園に入れてあげたかったけれど、一人でがんばっていくと決意したことで、全然違う人生が始まりました。

突然の休みや遅刻でもやさしい言葉をかけてくれる社員たち

現在の会社に入社した当時、経理部は大変な状況でした。私の前任者が病気で突然の入院。3人しかいない経理部の1人が突然の入院で、私が入社するまで経理事務を2人で切り盛りしていました。みなさん私が入社するのを心待ちにしていたようでした。

「田久保さん、今日からよろしく。一緒にがんばっていこうね」

やさしそうな上司がそう言ってくれました。

そんな状況でしたので、入社してからも私の生活は時間に追われることがたくさんありました。

保育園に子どもたちを送り届け、お弁当と夕食の用意、掃除や洗濯。朝は嵐のようなバタバタした時間でした。子どもが病気をしたときは、突然休むことや遅刻もありました。社会人を7年間経験していたので、遅刻や休みが社会的信用をなくすのは重々承知しています。社員のみなさんにご迷惑をおかけすることがたくさんあり、そんなとき私はびくびくしながら会社に行きました。

しかし、社員さんはだれ一人、嫌な顔をせず、怒ることもなく、

「お子さん大丈夫。大変だったね」

と温かい言葉をかけてくれるのです。これには本当に驚きました。

(なんて良い会社なのだろう。社長も社員さんもすごく温かい!)

このように思うのには理由があります。

私は高校時代、勉強は得意なほうでなく、友人とよく遊び回っていました。学校をさぼったことも何度もあります。正直、まじめな生徒ではありませんでした。

進路指導で母と私と先生の三者面談のとき、担任の先生はこう言いました。

「おたくのお子さんには就職先がない」

私の母に向かって、担任の先生はとても失礼な言い方でこう言ったのです。信じてもらえないかもしれませんが、私の高校時代はなんといっても先生が一番強い存在でした。私の母は穏やかなほうですが、さすがにこのときは先生に本気で怒りました。

「あなたに面倒見てもらわなくて結構です。百合、帰るわよ」

母は先生にビシッとそう言うと、私を連れて帰宅しました。あのときの母はとても格好よかったです。今でもとても感謝しています。私は、心の底では保母さんになりたかったのですが、資格のない私は車関係の会社を探すことにしました。当時、私は車が大好きで、単純に車に関わる仕事をしたいと思っていました。

求人情報誌を買い、車屋さんを探し、履歴書を出しまくりました。ある車屋さんにやっと就職できて働き始めたのですが、社会保険に入れもらえませんでした。「3か月の試用期間の後に入れるよ」と言われたのですが、3か月経っても「もう少し待って」とずっと引き伸ばされていました。

結局、私は1年間社会保険に入れてもらえず、悲しい思いをしました。入れてくれないのも悲しかったのですが、社長にずっとウソをつかれていたのが一番ショックでした。そしてとうとう社長を信用できなくなり、無断欠勤してしまいました。当然クビになるだろうと思っていましたが、社長は私が無断欠勤した3日後に、

「ごめん、ごめん。社会保険やっと入れたよ」

と言うのです。社会保険の加入手続きに1年もかかるなんて考えられません。

(そんなはずない。もうこの人、信じられない)

社長を信用できなくなった私は、会社を辞める決意をしました。

持ち前の明るさと元気で職探し

その後、就職活動を再開し、求人広告で今度は大手の営業事務の職に就きました。同期は4人いました。

しかし、2人は入社後すぐに辞めてしまいました。なぜ退職したかというと会社の雰囲気に問題がありました。私の仕事は発注業務。いろいろな商品の番号を調べ、入力係に回す仕事でした。慣れない仕事なので、ミスもたくさんしました。

間違いに気づいた先輩女子社員は、

「違うだろう！」

と激しく怒りだし、ファイルが飛んで来ました。それは普通の光景でした。新入社員には大変厳しい会社でした。部長が新人の私たちに「昼ご飯に行っておいで」とやさしく言ってくれ、それを真に受けて行こうものなら、

「何、勝手に出ていこうとしているの」

と怒られます。部屋の片隅で昼ご飯を食べていても、

「そこ、邪魔。どいて」

使い走りは当たり前。新人は人間として扱われるようなところではなかったのです。私もよく辞めなかったなと思いますが、同期と仲良くなり、そして1年後に後輩が入社してきて、私たちに対する風当たりは少しずつ緩和されていきました。私たち同期は後輩に厳しく当たることはせず、気持ちがわかるぶんやさしくできました。その結果、会社の雰囲気が少しずつ良くなっていきました。

ところが、私がその会社に慣れ、ようやく落ち着いてきたころ、私と同期は会社都合でリストラに遭いました。業績悪化で業務縮小するという理由で、たくさんの人がリストラされました。

またまた私は振り出しに戻ってしまったのです。しかし、持ち前の明るさと元気で、仕事を一生懸命探しました。そのころ25歳。

次は、空港近くで家具などを卸す会社の経理事務で採用になりました。経理は2人です。前職と違って人数も少ないので穏やかな仕事場でした。ちょうどその

ころ、私は前夫と出会い、結婚、妊娠と1年足らずでその職場を去ることになりました。

今の会社の面接のときにこの話もしました。私のこれまでの境遇に社長は驚かれたと思います。そして私を大変心配してくれました。コンバースのトレーナーを着て撮った写真のおかげで、私は社長にいろいろお話を聞いてもらうことができました。

子どもたちにもやさしくしてくれる社員たち

現在の会社に入社して7年が過ぎ、子どもたちはこの会社とともに大きく成長していきました。赤ちゃんで何もできなかった3人の子どもたちは、今では学校から帰宅すると私の携帯電話に真っ先に電話してきます。

一人ひとりかけてくるので、夕方になると私の携帯はブルブルうるさく鳴ります。子どもなので、用事があるたびに何度もかけてくる日もあります。

そんなことがあっても社員さん、経理のみなさんは嫌な顔一つせず、微笑んでくれるのです。

「すいません。うるさくて」

「ううん、大丈夫よ。お子さん帰ってきたのね」

「そうなのですよ。一人1回ずつと言い聞かせているのですが、すみません」

こんなやりとりがいつもあります。

そして、夏休みなどには、

「一緒にキャンプ行こうよ」

と誘ってくれます。

私一人で子ども3人をキャンプやプールに連れていくのはとても大変だし、目が行き届かなく危険なので連れていったことはありません。しかし、そんな私のことを社員さんたちは理解してくれているので、自分たちの家族旅行に一緒に行こうと誘ってくれるのです。

また、長男は野球が好きでときどき社長からソフトバンクホークスの野球観戦チケットをいただきます。パートの私にもとても親切にしてくださいます。また、社内イベントなどは子連れでも参加できるので、私は子どもたちとイベントに参加するのですが、そのとき、野球経験のある社員さんが長男とキャッチボールをしてくれたり、肩車をしてくれたり、一緒にプロレスごっこをしてくれたりと、みなさん本当にやさしいのです。

子どもが長い休みのときは、私は子ども連れで何度も出勤したことがあります。会社には大きなチャイルドルームがあるし、土・日曜、祭日はチャイルドスタッフという専用スタッフもいます。育児に協力的な会社なので安心して働くことができます。

幸せな日々を送れることに感謝！

この前も「私の家で夕飯一緒にしよう」と誘ってくれた上司がいました。社員さん数人と私たち家族とで一緒にご飯を食べました。私が気づかないうちに、若い社員さんたちが子どもたちをコンビニに連れていってくれ、気づいたら子どもたちは風船で社員さんたちと遊んでいました。

会社の食事会にもよく誘っていただきます。子連れで食事会があるのもこの会社ならではです。はじめは人見知りしていた子どもたちですが、今はたくさんの社員さんのおかげで人懐っこく、明るくとても元気に成長できました。社長のことを、名前が「社長」と勘違いしている長男は、飲み会の帰り道、社長を見て、

「社長！　社長！　ありがとう！　おやすみなさい！」

と恥ずかしくなるくらい大きな声で車の窓を開けて叫んでいました。それが初めての会社の食事会でした。あんな息子を見たのは初めてかもしれないと、そのとき思いました。父親からたたかれ、怯えていた生活から抜け出してすぐの食事会はとても印象的でした。

あれから7年が過ぎ、私は3人の愛する子どもたちと温かい社員さんたちに囲まれてとても幸せな日々を送れています。本当に感謝しかありません。

子どもたちが大きくなり、大人になったら、私は経理部長の立場に就けるようがんばりたいと思っています。なぜなら会社や社員の人たちに恩返しがしたいからです。今まで受けた恩に報い、そしてこの会社に入ってくる社員さんたちに対

して、働きやすい職場環境をつくれるような自分になるためにも重要ポストに就きたいと思います。

「この会社での出会いで　自分の人生が変わった」

私は自分の人生をより良いものにできるようになりました。新聞広告の言葉が現実に起こりました。それは、自分が必死で幸せになりたいと心から願ったからだと思います。

みなさんもぜひ、願いを強く持ってがんばっていただきたいと思います。長くなりましたが、最後まで読んでいただき、ありがとうございました。

Story 7

監督さん、会いに来てくれたのね

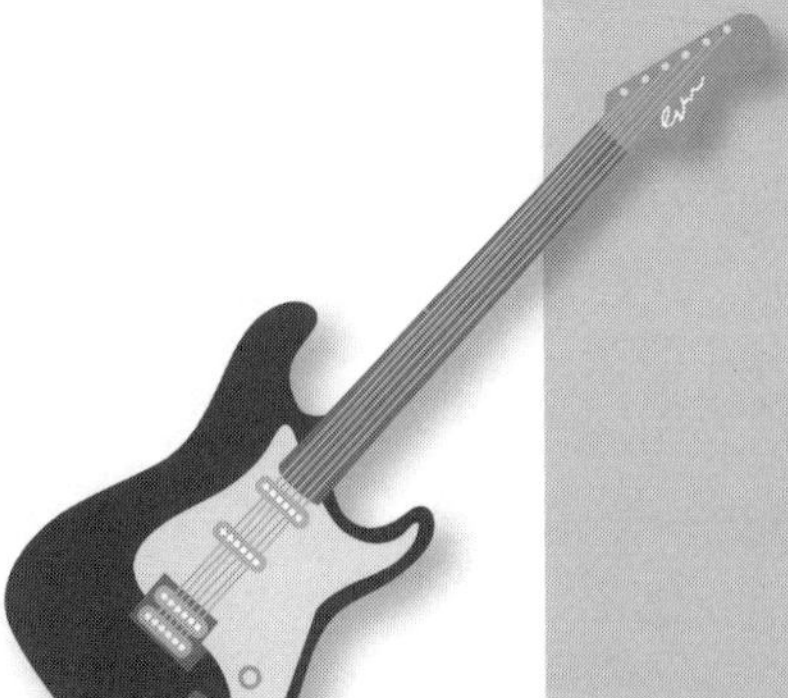

入社14年目になる建築部部長で現場監督職の梅村公さん（38歳）は、弊社のグループ会社の建築部だけでなく、いろいろな場面で多彩な能力を発揮し、活躍しています。

たとえば、新卒採用で私たちの会社は1次選考会を2日にわたり、計4回開催するのですが、3時間という長い選考会の4回とも司会という大役をしっかりこなし、おもしろく、明るく、楽しい雰囲気で会場を包み込みます。

学生さんたちから、

「おもしろかった、楽しかった、わかりやすかった、一緒に働きたいと思った」

などなど、嬉しい感想をたくさん聞けました。

また、協力会社さまたちと2か月に一度、福岡国際会議場でパートナー勉強会（協力会社さまのことを私たちはパートナーさまと呼んでいます）をするのですが、その際も現場での安全第一、美しく気持ちの良い現場を作ることに、一番リーダーシップを発揮しています。実際に、勉強会だけでなく、現場でも安全で美しい現場（私たちは美活と呼んでいます）に率先して動いています。パートナー勉強会の司会もすばらしく、美活実践という意味でも、パートナーさまからの信頼がとても厚く、梅村さんを知らないパートナーさまはいないほどです。

普通、現場監督というのは話すのが苦手で無口な人が多いのですが、梅村さんは話がとても上手でわかりやすく、会社の中で一番司会に秀でていると評判です。さらにおもしろい話や冗談で社員さんたちを笑わせたり、落ち込んでいる社員さんたちを励ましたりと、モチベーターでもあります。

弊社で約600名のお客さまをお呼びして感謝イベントを年1回、約200名のパートナーさまをお呼びして新年会を年1回開催するのですが、そのときも我が社の音楽バンド（KJ hearts という名です）でボーカルとギターを担当。さらに年1回開催される、同業他社数十社と対戦するスポーツイベントのソフトボール大会ではソフトボールチームの主力選手です。おかげで弊社は準優勝を2回経験しています。

こんなに才能豊かで、ここまでがんばってきた軌跡を聴かせていただくことで、悩んでいる人など多くの方の〝人生の道しるべ〟になるのではと思います。

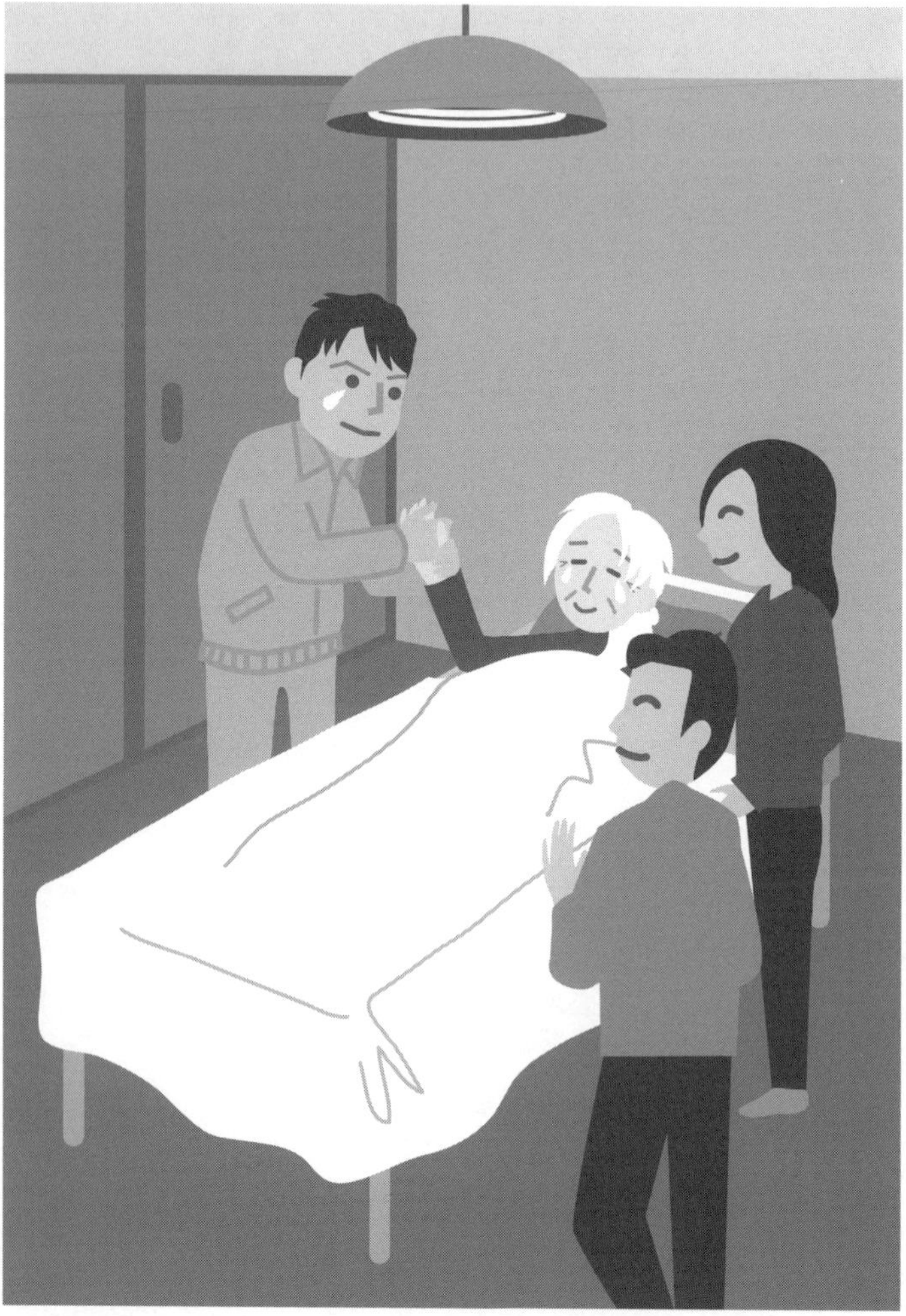

私をほめて、認めてくれる父

私は、子どものころは野球少年でした。父の影響だと思います。私は父が大好きで、父親とのキャッチボール（小学1年のとき）がきっかけで野球少年になりました。

野球をしているときは父と一緒に過ごせる時間です。この時間は私にはとても気分の良い時間でした。なぜなら父は私をすごくほめてくれ、認めてくれ、遊んでくれるのです。野球少年になるのは当然だと思います。父とのコミュニケーションが野球でしたから、私は大好きな父と野球の話をし、いっぱい認めて、ほめてもらうことで、伸び伸びと育てられました。

小学3年から少年野球チームに所属し、中学3年まで野球ひと筋の人生でした。（将来はプロ野球選手になる！）と心に決め、毎日毎日暗くなるまで練習しました。そのころ福岡には平和台球場という球場があり（現在はなくなり、ソフトバンクホークスのホーム球場、ヤフードームが福岡にあります)、当時は平和台球場に西武戦を見に行くのがとても楽しみでした。福岡には球団がない時期があり、私の子どものころは福岡には西武ライオンズファンがたくさんいました。

私の父も西武ファンでした。私はよく父に連れられ、平和台球場に行ったものです。野球の試合の帰り道に、偶然、清原選手と秋山選手を見かけ、大きくてスターのオーラがあって、そして鍛え抜かれた体に圧倒されました。

(すごいな。格好いいな。こんな格好いい選手になりたいな)

私は、プロ野球選手に会って、さらにプロへの想いが強くなっていきました。

音楽が私を救ってくれた

高校に進んだ私はもちろん野球部に迷いなく入りました。しかし、そこから私の人生は私の望んだ道から逸れ始めます。中学野球と高校野球には大きな違いがあります。それはボールが軟式球から硬式球へと変わることです。硬式球の練習で、私は肘を痛めてしまいました。痛くても無理してがんばったぶん、深刻な状況となってしまいました。

（野球ができない……）

このころの記憶はあまりありません。相当ショックだったからだと思います。野球を断念するというのは、私には死ぬほど苦しいことでした。6歳から16歳までの10年間の想いがあふれてきました。涙が止まりませんでした。心が折れるということをこのとき体験したのでした。

16歳で初めて入院を経験しました。その病院には精神を病んだ人も入院していました。毎日、昼夜関係なく大きな叫び声が病院中にこだまします。私は個室で、ただ一人ぽつんと何もせずに過ごしていました。何も考えられず、

（俺の人生は終わった。死にたい）

そんな思いしか湧いてきませんでした。

部屋の外から叫び声が聞こえてくるだけの空間。そんなある日、姉が1本のカセットテープを私にくれました。そこには当時、姉が好きだったロックやポップスなどの音楽が収録されていました。私は彼らの音楽を何時間も聴き続けました。

食事も口にできない状態で、私の心と体はどんどん弱っていきました。

そんな状態が数週間過ぎて、私に変化が起きました。

音楽の力。

私の聴いている音楽には共通点がありました。

「人生なんかくそったれ！」

「ゆがんだ社会……」

「愛、友情、信じること……」

傷つき、裏切られ、それでも大切な何かを信じている心の叫びのような歌。

そんな音楽ばかりを聴き続けているうちに、空っぽだった私の心が何かで満たされる気分になりました。

（俺だけじゃないんだ。みんな苦しんでいるんだ。みんなに勇気を与える仕事をしている人たちでさえも）

私は音楽の力で、少しずつ本来の自分を取り戻していきました。

自分の弱さを歌詞に乗せた歌。それが自分と重なったのでした。

（野球人生は終わったかもしれない、けれど俺にもまだやれることがある。俺の人生が終わったわけではないんだ。俺は音楽で、俺のように迷い苦しんでいる人に勇気を与えられるような人間になる）

ずいぶん昔のことですが、多分、こう考えたのだと思います。姉がくれた音楽のおかげで、私に希望の光が差しました。すると生きる力が沸き起こってきました。しっかり食べ、そして私はどんどん元気になっていきました。

「お前が本気なら応援する」

入院生活は1か月くらいだったと思います。その後、無事退院でき、自分の家に帰ることができました。

両親はとても愛情深い人たちで、私には何も言いませんでした。2人とも、子どものころから私に対していつもこう言っていました。

「お前が本気でやるなら、なんでも応援する。自分で思ったことをしなさい。ただし、一生懸命でないならするな」

そんな考えの両親でしたので、私が退院しても、「ああしろ、こうしろ」とは言わず、母はいつも笑顔で私を見守ってくれました。いつも私の味方でした。

学校に復帰したら、ほとんどの友人は私を遠ざけ、私のまわりに残ったのは親友3人だけでした。いつも声をかけてくれた人も声をかけてくれなくなっていました。学校がつまらなく勉強にもついていけず、きつくて、眠れない日々が退院してからも続きました。眠れない日は睡眠薬を飲みました。そのため、翌朝は起きられず遅刻するという日々。

そんな私に母はいつも笑顔でやさしく接してくれます。

「一緒に買い物に行かない。洋服でも買おうか」

父はおみやげを買って帰宅するような人ではなかったのに、

「マック買ってきたぞ。一緒に食べよう」

私は両親に対して「少し無理しているな」と感じながらも、両親の温かい愛情に救われていました。学校ではつらい思いをしていたので、家が唯一の安住の場所。本当に両親には感謝しかないです。後で聞いた話ですが、母は夜な夜な泣いていたそうです。私が病気になったばかりに母にも父にも本当に心配をかけてしまいました。

担任と大喧嘩して高校を中退

高校3年になると進路指導が始まります。大学進学か就職かを担任と話す面談の席で、私は大学進学はしないと言いました。

担任の先生は就職希望の学生には興味がないのか、私たち就職希望の学生には露骨に態度を変えてきました。たとえば遅刻したとき、大学進学希望の生徒にはやさしく注意するのですが、私たち就職希望の学生には正座を強要します。授業中も目を合わせようとせず、大学進学希望の生徒ばかりを指導します。

毎日差別され、モチベーションはどんどん下がっていきました。そしてあるとき、私の中でプツンと糸が切れてしまいました。

私は担任の先生と大喧嘩してしまいました。喧嘩のきっかけ、原因は覚えていませんが、先生につかみかかりそうになりました。それを友人たちに止められ、私はそのとき学校を辞める決意をしました。高校3年の12月で、卒業間近の出来事でした。

そんなことがあっても、両親は私をとがめませんでした。

「これからどうしたいの」

と尋ねられ、私は「高校は卒業したい」と話しました。

両親は私を甘やかすような人たちではありませんでした。というのも、私が高校を中退し、高校をどうしても卒業したいと言うと、「学費は自分で稼ぐように」と言うのです。このときは本気でミュージシャンになると決めていたので、ミュージシャンになるにしても高校は卒業したいという思いがありました。自分の意志で学校を辞める決断をしたのですから、これからの自分の人生は自分で決めろということだと思います。

「お前が本気でやるなら、なんでも応援する。自分で思ったことをしなさい。ただし、一生懸命でないならするな」

こんな考えの両親ですから当然だと思います。私は高校を中退した人が高校卒業を手にするためにはどうしたらいいかを調べ、通信制高校に通えば卒業できることを知りました。

この学校は、いじめや不登校などで学校に行けなくなった子どもたちや問題を起こして退学になった子どもたちが通う学校でした。実際に学校に行くのは毎月2～3日くらいでした。通信制ですので、自宅で学習をして1年ごとに単位を取ればいいのです。私は残り3か月を待たずに退学という道を選択してしまったために、通信制の高校を卒業するのに2年もかかってしまいました。18歳から20歳まで高校生でした。20歳で高校を卒業できたときは本当に嬉しかったです。

（自分でやると決めたら最後まであきらめずに本気でやる）

これは両親の教えが活きた事例だと思います。学費ももちろん自分で稼ぎました。ミュージシャンという夢もあきらめてはいませんでした。

3つのアルバイトを掛け持ちして稼いだ学費

17歳で高校を中退した私は、昼1時から夜7時までクリーニング屋さんの工場で働きました。工場は暑くて、仕事はとてもつらかったです。お客さまの洋服を石油で洗い、ドラムに入れて、洗い終わったらきれいにハンガーにかける。そしてビニールで梱包してお客さまに渡せる状態にするのが私の仕事でした。単純作業で立ちっぱなし、休憩時間はありましたが、6時間労働で本当に大変な仕事でした。

時給は750円。高校中退の私にはこんなふうに体を使う仕事しかなかったのです。その後は夜の11時から朝の7時まで近くのコンビニエンスストアでバイトです。時給は680円。1週間のうち4日か5日バイトをし、ときどきレンタカー屋さんの運転（運転免許は18歳ですぐに取りました）のバイトもしました。お客さまに車を届けたら、事務所に戻るという仕事でした。

3つ掛け持ちでバイトしても、1か月の稼ぎは15万円から18万円程度にしかなりませんでした。実家に住んでいたから生活はできましたが、学費を出し、家にお金を入れ、残ったお金はすべて夢であるミュージシャンになるための活動費に充てました。

夢を追い続けた大切な時間

ミュージシャンになるという大きな夢があったので、大変なアルバイト生活もなんとか乗り越えられました。夢を持つということがこんなにエネルギーやモチベーションを高めてくれるものだということは、プロ野球選手やプロのミュージシャンを目指したことがある私だからこそ十分理解できます。

若かったということももちろんありますが、将来に夢も希望もなければ、私は死んでしまいます。それくらい私には夢や希望がとても大切なものでした。

アルバイト代をためてCDを自主制作するためにギターや録音機、周辺機器を揃えました。それだけではありません。音を出すためにどこでも練習できるわけではありません。録音するためのスタジオは1時間当たり800円。バイトの合間の自由な時間は借りられるだけ借りました。そして練習し続けました。

自分のアルバイトの時給よりもスタジオを借りるお金のほうが高いのですが、私にはとても意味のある時間でした。ギターの弦は消耗品で、かつ録音するための高い音質を維持するために週に3、4回は取り替えます。ピックもマイクも音楽活動にはなくてはならないものばかりです。

すべて自分のバイト代で賄い、福岡、東京、大阪など、オーディションの情報があれば応募しました。博多駅の路上では道端に座り込んでライブをし、毎月1回は天神のライブハウスに立ちました。

私は7年間こんな毎日を過ごしていました。

私にはかねてからの夢だった〝自分のCDを世に出す〟というもう一つの夢もありました。録音機を買った理由はそのためでもありました。プロの制作会社に頼んだらものすごく高いお金を払わなくてはなりません。私はCDを100枚買ってきて、1枚1枚に、自分が作詞作曲し、歌っている音源12曲を録音していきました。CD1枚1枚に、自分のデザインした文字や絵を焼きつけ、そしてCDケースにもオリジナルでデザインした紙を挟んでいきました。

お店で売っているようなCDよりは見劣りしましたが、自分なりに良いものを作り上げることができました。

人を集めるにはどうしたらいいか

夜、路上ライブでそれを1枚1000円で販売しました。全部売っても10万円にしかなりません。自費制作で安く上げて儲けが出たように聞こえるかもしれませんが、機材やスタジオ代を考えると大赤字です。しかし、やれることはすべて積極的にやりました。

今にして思えば、このミュージシャンを目指した7年間のおかげで今の私があると思えることが何度もあります。

路上ライブ時代、路上でただ歌っても、通行人は素通りするだけです。歌だけでは人を集めることはなかなかできません。私は人を集めることができるミュージシャンを観察して研究しました。どうしたら人が集まるのか、なぜあの人のところにはたくさん人が群がって盛り上がっているのか。そんな疑問の解決策をどんどん考えていきました。

人が集まる理由。それはおもしろいトークでした。トークがおもしろいミュージシャンのところには、歌う前から人が集まり始めるのです。人が立ち止まるから、さらにまた人が集まる。ある程度の人数を集めてから、その人は歌い始めるのでした。

（そうか！　トークが上手じゃないと人が集まらないのか。聴いてくれる人がいるところで歌わないと意味がない）

私は、毎日トークと言葉の練習をしました。

（どうすればいいのか。もっとよくするには。ほかに改善案はないか）

音楽だけでなくトークの練習をし、場数を踏むうちに私の前にたくさんの人が集まってくるようになりました。私は立ち止まってくれた人たちに感謝の意味も込めて、力いっぱい歌い切りました。

ある日突然、私の中の何かが変わった

春が過ぎ、夏が過ぎ、秋が来て、そして冬が来る。

路上ライブでは、行きかう人の服装や外気温度、街並みのネオンなどから季節

感がどんどん皮膚の毛穴から、視覚、聴覚から伝わってきました。そして、四季の移り変わりが7年目の秋から冬に変わりそうなある日、私の中に何か変化が芽生えました。

（俺、やり切った！　次の人生に進むぞ！）

そう自然に思えた瞬間でした。何かがあったというわけではなく、自分の中でやり切った感、〝卒業〟という文字が浮かび上がった瞬間でした。そう考え方が変わったときの私は清々しく爽快感で満ちあふれていました。満足感。爽快感。卒業。そして次……。

青春時代は本当に野球と音楽にがんばった人生でした。先ほども夢がないと生きられないと書きましたが、私はミュージシャンをしながら実は次の夢も少し考えていたのです。

（もしミュージシャンとして成功しなかったら、建築の仕事をしよう）

17歳から24歳までミュージシャンを目指した私は少しずつ考え方も大人になっていったのでしょう。現実的な部分も芽生えてきたのだと今では思います。

祖父と父を見て自然にこの道に

建設会社の現場監督になるという3番目の夢はどこから来たのか。それは明確でした。

私の父は内装関係の現場監督をしていました。大好きな祖父は宮大工をしていました。祖父は戦争前に立派な納骨堂を建てました。戦争に行き、実は目が見えなくなってしまいました。祖父は亡くなってから、自分の建設した納骨堂に大切に納められています。2人は私にとって誇りです。

私は子どものころから、ものづくりが得意な少年でした。みなさんも小学校の夏休みに工作の宿題が出たと思います。私は牛乳パックですごく大きく細かな作業を必要とする目立つものを作って、自慢げに学校に持っていくような少年でした。みなさんの近くにもそんな子どもがいたと思います。私はまさにそんな少年だったのです。

ものづくりが大好きだから、父や祖父を尊敬し、格好良いと思っていました。

だから、ミュージシャンの後は建築の仕事（ものづくり）しか頭になかったのです。次の夢があったからこそ、心が折れることなく、元気に前向きにその夢に邁進できたと思います。

学校時代は体育と数学が得意でした。数学には答えが明確にあり、目的を達成するために考え、計算して導き出すというところと建築の仕事を重ね合わせていた時期もありました。プロ野球選手を目指さなかったら、もしかしたら建築の道に進んでいたかもしれません。しかし、ミュージシャンを目指した私は、建設会社で働くにも資格もない、経験もない、知識もない、就職にはとても不利な状態でした。

ハローワークに通い、バイクで通勤できて、建設現場で仕事ができそうな会社に手あたり次第、履歴書を出しました。いくつ出したか覚えてないほどたくさん出しました。しかし、すべて書類選考で落ちました。高校も普通科だし、資格経験もなしでは仕方ないのは初めからわかってはいたもののショックでした。

でも、私はあきらめませんでした。何通も出していくうちに、ある会社から面接に来るように連絡がありました。

入社したのは怪しげな会社だった

その会社の面接は少し変わっていました。社長がある宗教家でした。面接に行くと、宗教のビデオを見せられ、感想文を書いて提出するという内容でした。30人の入社希望者がいました。私は3次選考、4次選考と進むことができ、毎回、宗教のビデオを観せられ、感想文を提出。そして、面接では建設現場の話はまったくなく、宇宙と科学の神秘について社長が熱く語るのです。

会社が借りているマンションの一室に1人で行き、1人で宗教の映画を観て、感想文を提出するというのもありました。何度もそれを繰り返し、私は数々の選考に合格し、とうとう最終合格でき、入社が決まりました。

ただ仕事とまったく関係ないことの連続だったので不信感はありました。熱心に宗教を信じている社長なのだと肯定的に解釈していた私は、社長に気に入られたのだと思います。入社できたのは30人中、私1人だけでした。

入社日に社長から言われたのが、次のひと言です。

「入社おめでとう。これから一緒に働いてもらうためには、ある宗教の会員になってもらわないといけないのだよ。会費は30万円。給料引きでいいから入りなさい。毎月3、4万円の天引きでいいからね」

（なんじゃこりゃ！）

と正直思いました。私は納得のいかないお金は出したくなかったので、きっぱりと断りしました。社員数が6名ほどの会社で、会員でないのは私と経理のおばさんだけでした。経理のおばさんに社長はいつも冷たく、風当たりが強いのをよく感じました。

私も何度か入会を説得されましたが、会員にならないという固い意志が社長に伝わったのか、私にはつらい仕事ばかりが回ってくるようになりました。仕事でわからないことなどあり、社長に質問しても、

「会員じゃないから、何を説明しても君には理解できないよ」

と言われ、何も教えてくれないのです。仕事は毎日朝から晩まで、工事現場の

廃材（つまりゴミ）収集を任されました。朝の7時半から夜の7時か8時まで、暗くなるまで私は各現場の廃材を集める作業に明け暮れました。仕事が終わり、事務所に戻ると、事務所は真っ暗です。誰も私を待っている人はいません。

（くそっー）

悔しくて、憤りを感じましたが、誰にも愚痴をこぼすことができませんでした。会社の中で私は独りぼっちでした。

会社には変な決まり事がありました。それは、選考会のとき行ったマンションに定期的に1人で行き、個室である宗教の映画を観て感想文を社長に提出するのです。毎日ゴミ収集で疲れて帰ってきて、毎週1回はそのマンションに行き、宗教の映画を観ました。

両親からはさすがに退職をすすめられましたが、

「1年経たず辞めてしまうのは、次の会社に行っても続かない自分になりそうなので1年間だけやらせてほしい」

と両親を説得しました。

私はこの会社でなんとか1年間勤務し、そして1年経ったある日、

「会社を辞めます！」

と社長に辞表を叩きつけました。ドラマのワンシーンのような出来事でした。

失敗続きで不安がいっぱい

その会社を退職して、またハローワークに毎日通いました（当時、偶然、私の中学高校の親友もこのとき無職となり、2人でハローワークに行くのが常となりました）。

このときは建築関係の会社を見つけては履歴書を出しました。しかし全部書類選考で落とされる日々。3か月間そんな生活を続けているとき、ふと目に留まったのが今の会社の求人募集でした。

私は友人に意見を求めました。今までたくさん落ちてきたので自信がなく、彼の意見を聞きたくなったのでした。

「この会社、無理だよね。俺でも入れると思う？　結構大きな会社みたいだけ

ど」

「受けてみたらいいやない」

「ええっ、でも無理やろう」

「とりあえず出してみないとわからないぞ」

友人の後押しもあり、私は勇気を出して履歴書を出しました。

履歴書を出した数日後に電話がありました。面接に来てくださいという内容でした。

（やった。面接に行ける！）

今までたくさんの会社から書類選考で落とされていたのですごく嬉しかったです。このときも、経験も資格もないし、知識なんて全然なかったので、前回の就職活動とほとんど変わらない状態でした。不採用は当たり前、前職の宗教的な会社での嫌な経験もあり、私は不安でいっぱいでした。

（また同じような会社かもしれない。失敗したらどうしよう）

友人は私の不安を感じたのか、面接の日に会社の前まで一緒に来てくれました。

今でもあのときのことは忘れません。

「俺はだまされてるのか……」

本社の正面には白い階段があり、私はその階段の下で友人と別れました。

「がんばれよ！」

その言葉に少し救われ、元気が出ました。

「うん、がんばってくるよ」

白い階段を一歩ずつ上がり、玄関入口から事務所に入ると、長い廊下がありました。長い廊下を一歩一歩不安な気持ちを抱えながら進んでいきました。しばらく歩くと30人ほどの社員さんたちが見えました。そして受付らしい女性から社長室に通されました。椅子に座って待つ間、

（こんな大きな会社だから、きっと太った貫禄のある社長さんが出てくるのだろうな）

と勝手に想像していました。

面接の場に現れた社長は、とてもやさしそうで気さくな感じの人でした。全然

太ってなく、中肉中背の男性でした。

私は聞かれたことに正直に丁寧に答えました。博多駅でストリートミュージシャンをしていたときの話、前職が少し怪しい会社だった話など……。社長はストリートミュージシャンの話に興味を持たれていた様子でした。

「やる気あるなら、うちに来ないか」

と言ってくれました。その言葉に私は本当に驚きました。今までいろいろ履歴書出してても会ってもくれない会社ばかりだったのに、こんな大きな会社の面接に来られただけでもすごいと思っていた私です。まさか面接で、初対面でこんなふうに声をかけてもらえるとは思ってもいませんでした。

後で聞いたのですが、社長は私が営業に向いているかも、と思われたそうです。私は現場監督希望でしたので、現場監督をさせてもらうことになりましたが、もしかしたら営業に配属されていたら今ごろ営業だったでしょうね。

ただ、そのとき私は、

(もしかしたら、この会社に俺はだまされているのか)

とさえ思ってしまいました。

（ありえない。やばいかも）

帰り際に、社長から一冊の黄色い本を渡されました。

「入社するときまでに読んできて」

（やっぱりな、この本を数万円で買えとか言われるかもしれない）

一冊の本が人生を変えた

疑ってばかりの私は、今思えば笑い話ですが、本当にこの会社で大丈夫なのかどうか、不安な気持ちでいっぱいでした。入社が決まったのに、素直に喜べない自分がいました。前職の会社での出来事のせいか、疑り深い人間になっていたのでした。

家に帰り、早速黄色い本を読み始めました。そこに書いてあったことは、私の人生を大きく変えました。

前職で住宅会社の現場廃材集めをしていましたが、ときどき現場でお客さまとお話をする機会がありました。やさしいおじいちゃん、おばあちゃんたちがよく言っていた言葉を思い出しました。

「リフォームして家はきれいになるけど、やっぱり夏は暑いし、冬も寒い。もっと住み心地が良いといいのにねえ」

黄色の本には、まさにその住み心地のことが書いてあったのです。

（これだ。俺が本当にやりたい仕事って、あのときのおじいちゃん、おばあちゃんたちが話してくれていたように、住み心地の良い家を造ることだ。お客さまが本当に幸せに、ストレスなく暮らせる家づくりが俺のやりたいことだ。この会社すごい！　本当に俺は入社してやっていけるのか。まったく経験も知識もない。高校も建築系でもない俺が……）

期待と不安が入り混じった感じでした。

S監督のユーモアで大好きになった

25歳の7月1日は、私にとって忘れることができない日です。私はこの会社の一員になることができました。

（今度こそ、ここで現場監督になるのだ！）

入社してすぐに、夏のボーナスをもらって辞表を出す先輩社員2人を目にしました。正直、驚きました。私のようにワクワクドキドキで入社してくる人もいれば、何かの理由で退職する人もいる。私と同期入社は他に2名。私たちは仲良くなり、ともに学ぶ仲間となりました。

入社したら先輩社員が親切丁寧に教えてくれると思っていたのに、どちらかというと放任状態でした。このときほど同期の存在がとても大きく思えたことはありません。ありがたかったです。専門知識も何もない私ですが、彼らもまた同じで、ともに励まし合いながら、何をすればいいのかを考え、行動しました。そのころS監督が、私たちの指導に当たることになりました。

S監督は仕事にはとても厳しい人でした。しかし、ときどき笑顔で、

「ビフテキ食いに行くぞ」

と誘ってくれました。私は嬉しくてS監督について行きました。彼が連れていっ

てくれたところは「ジョイフル」（九州を中心に展開するファミリーレストラン）でした。ビフテキを頼んでくれるのかと思いきや、テーブルにつくとかき氷を人数分頼むのです。

（ビフテキじゃないのか？）

と思いながらも、彼のユーモアに気づき、笑いがこみ上げてきました。真顔でジョークを言うS監督を私は好きになりました。

かき氷は300円です。ビフテキがかき氷になったのは残念でしたが、S監督が私たちを可愛がってくれる気持ちが嬉しく、そのかき氷がとてもおいしく感じられました。今でもあのかき氷の味は忘れられません。25歳の私は、社会人1年生みたいなものでしたから、この会社で何がなんでもがんばってやるぞと心に決めました。

入社5年目で任された大役

25歳から無我夢中で工事関係の勉強をしました。現場でいろいろな専門用語を聞くと、すぐにその意味を覚え、「一つひとつやるべきことをきっちりやる」というスタンスで私は成長していきました。

私は29歳のとき、社内恋愛で今の妻と結婚しました。2年間ほど交際し、そしてゴールイン。立派な結婚式を挙げることができました。社員さんたちや社長、その他大勢の人たちに来ていただきました。

このころから、私は人生が大きく好転していったように思います。30歳のとき、いきなり建築部のリーダーという大役を仰せつかりました。入社5年目のことです。大先輩や、スキルも知識も経験も豊富な先輩たちがいるのに、リーダーを任命されたときは正直戸惑いました。嬉しくもあり、不安でもありました。

(俺にできるのか。リーダーって何をどうしたらいいのだ)

そこでもいろいろ考え抜きました。

(俺の特技は何か。なぜ社長が任命してくれたのか。そうか、俺は社員さんたちを元気づけたり、和ませたりするムードメーカー的な立場だったからかな。それならみんなのモチベーションを上げて、引っ張っていけるリーダーになれる。そ

してこれからは誰よりもがんばる。知識もスキルも誰にも負けないくらいがんばる）

私が30歳のときに任されたリーダーという大役が、私を大きく成長させてくれました。「人生の転機は？」と尋ねられたら、私はこのときだと答えます。この抜擢のおかげで、私はいろいろなことに挑戦しようとする力が湧いてきました。このころの我が社は、エネルギッシュな社員さんたちで大きな成長を遂げ始めていたときでした。プライベートでも良いことが続きました。

31歳で長女誕生、33歳で次女が誕生。４人家族になりました。父親としての自覚も出てきて、リーダーとしても自信がつき、いろいろなことがうまく運ぶようになったとき、私はさらに一大決心をしたのでした。

（36歳で家を建てる！）

住み心地の良い我が社の家に、いつかは愛する家族と住みたいと、現場監督の私はいつも願っていました。自分で言うのもなんですが、我が社の家は本当に快適で住み心地が良いのです。

現場はエアコンがついていませんが、夏は前の会社の現場より間違いなく涼しいし、冬でも温かいと感じたことがあります。でき上がったらもっと快適なのだろうなと思っていました。実際に、お引き渡ししたお客さまから、「ありがとう」と何度も言われました。

36歳で、私は自分の城を持つことができました。「思考は現実化する」と聞いたことがありますが、本当だなと思います。私の願望、「夢のマイホームに愛する家族で住む」は、「私はなんて幸せな人間なのだろう」と幸せな気分にしてくれます。

「おばあちゃんが会いたがってるよ」

新築のマイホームに住み始めて数か月が過ぎたある日、私はアフターメンテナンス部隊の社員さんからお客さまの伝言を聞きました。

アフターメンテナンスというのは、永続点検サービスのことです。我が社の家には永続点検サービスがついています。なぜ永続点検があるかというと、私たちは引き渡ししてからもお客さまとお付き合いしたいという思いがあるからです。

普通は〝引き渡したらさよなら業界〟と言われる住宅業界です。なぜそう呼ぶのかというと、お客さまは一生に一度しか家を買えないというのが常識だからです。2軒目、3軒目と家を建てられないから、引き渡し後はお客さまじゃないということで、そう言われています。

しかし、私の会社にはアフターメンテナンス部隊があり、毎回点検に行きます。そのメンテナンス部隊が私に伝言をことづかってきたというのです。それは私が入社して1年目の年に6軒目で担当させていただいたAさまからの伝言でした。

「Aさまのおばあちゃんが、病気みたいで寝たきりなんだよ。ベッドの中でずっと監督さんに会いたいと言っているんだって。お客さまがぜひ会いに来てほしいと言っているんだけど、会いに行けそう?」

私はAさまのおばあちゃんと聞いて10年ほど前の現場で会ったおばあちゃんを思い出しました。いても立ってもいられず、すぐ会いに行きました。

私は、26歳でAさまの現場を担当させてもらいました。まだまだ半人前だった私でしたが、一生懸命真心込めてお家造りに携わらせていただきました。その建築現場の裏に、お客さまのご両親が住んでいらっしゃいました。そのご両親こそが、おばあちゃんでした。おばあちゃんはいつも畑で大好きな野菜作りを楽しんでおられました。キュウリ、ピーマン、ネギをたくさん作っておられました。私は建設現場の仕事を終えると、必ずお隣のおばあちゃんの家をピンポーン。

「こんにちは、今日も現場終わりました。何かお困り事などはないですか」

「いつもありがとう、監督さん。良かったら私の畑で採れた野菜を持って帰りませんか」

おばあちゃんは用意していた袋を私に渡してくれました。中にはたくさんの野菜が入っていました。

「わあ、いいのですか。嬉しいです。ありがとうございます」

私はおばあちゃんの気持ちが嬉しくて、遠慮せずにいただきました。おばあちゃんは私にいつも声をかけてくれ、野菜をたくさんくれました。

建設現場は平均約4か月で終わります。私たち現場監督は、工事が終了したら次の現場担当になり、そしてその現場に行くというような勤務スタイルです。当然、Aさまの工事が終わると、もうそこに行くことは少なくなります。アフターメンテナンス部隊に引き継がれていくからです。

最後の日もおばあちゃんに挨拶し、引き渡し式を終え、感動のセレモニーとなり、別れを惜しみながらサヨナラしました。お客さまは引き渡しを受け、お引越しをし、そしてそこで新たな生活をスタートさせるのです。

自分の仕事を天命と思える出来事

10年前におばあちゃんと別れて、まだ自分のことを覚えてくれていたことも嬉しかったのですが、病床で自分に会いたいといってくれることにさらに感動しました。

私がアフターメンテナンス部隊から伝言を聞き、いても立ってもいられない思いでおばあちゃんに会いに行くと、おばあちゃんは引き渡しをしたその家の介護用ベッドに寝ていました。

「おばあちゃん、監督さんが来たよ。会いたがっていたでしょう」

その声で、目を閉じていたおばあちゃんは目を少し開け、そして弱々しい小さな声で言いました。

「ああ、監督さん、会いに来てくれたのね。ありがとう。私ね、いつか監督さんにお礼が言いたいとずっと思っていたの。こんなに居心地の良いお家を建ててくれて、本当にありがとうね。夏は涼しかったよ。冬は暖かかったよ。本当に居心地の良い家だったよ。ありがとう。会ってお礼が言えて本当に良かった」

おばあちゃんの手を握りながら、私は涙を必死でこらえました。さっき我慢したぶん、帰り道、車の運転をしながら涙があふれてきました。

涙は止まりませんでした。

(おばあちゃん、こちらこそ本当にありがとう。居心地の良い家を造りたいって10年がんばってきたよ。そしておばあちゃんにそう言ってもらえて俺はこの仕事で本当に良かった。俺こそ本当にありがとう。これからも良い家造りをがんばっていくからね)

その別れから数か月後、アフターメンテナンスに伺った社員がまた私に伝言を持ってきました。

「Aさまのおばあちゃん、お亡くなりになっていたよ」

私が会いに行った2週間後におばあちゃんは息を引き取ったそうです。私は、それを聞いて、お線香をあげさせていただきたいと思い、またおばあちゃんに会いに行きました。

介護用のベッドはそこにはなく、お仏壇のある部屋に案内されました。そこには可愛らしい表情をしたおばあちゃんの写真が飾ってありました。私は線香をあげ、お参りをさせてもらいました。

「あのときは来てくれてありがとうございました。おばあちゃん、本当に喜んでいましたよ」

私は、お客さまと少しお話をした後、玄関を出て、停めてあった自分の車のほうに歩いていきました。車に乗り込もうとしたとき、後ろから私の名前を呼ぶ声がしました。その人は走りながら私の名前を呼んでいました。

「梅村さーん」

私が振り返ると、先ほどのお客さまの奥さまが走ってきました。

「あの、これ、おばあちゃんの畑で作った野菜です。おばあちゃんが監督さんに食べてもらったら喜ぶかと思って持ってきました。良かったら召し上がってください」

亡くなった後も、おばあちゃんの想いは私に届きました。この出来事は私にとって宝物です。私は自分の仕事が天命だと思えた出来事です。

「ありがとうございます。大事にいただきます。本当にありがとうございます」

家に帰り、私はその出来事を妻に話しました。私も我が社の家を建てることができ、そこに愛する家族4人で住んでいます。

そして、おばあちゃんの大切な畑で採れた野菜を大事にいただきました。袋の中には大きなキュウリが3本入っていました。まだ幼い娘は、

「パパ、大きいね。すごいね」

と嬉しそうでした。妻からも、

「良かったね」

と言葉をもらいました。おばあちゃんの野菜はとても新鮮だったので、マヨネーズをつけて全部きれいにいただきました。食べるとおばあちゃんの想いが自分の中に生きているような気持ちがしました。

今でも生き続けるハングリー精神

野球少年時代に経験した挫折、ミュージシャンを目指したあの日、そして現場監督という夢を追いかけた38歳の今の私が感じるのは、チャレンジし続けてきたということです。

こうして取材を受け、自分の想いを話すうちにいろいろなことにあらためて気づくことができました。36歳のときに新しいグループ会社ができました。私はその現場監督のリーダーに大抜擢してもらいました。知識も経験もスキルも何もなかった私は10年でここまで成長できました。

実は新しくできた会社を任されていたとき、今までお付き合いのあったパートナーさまから結構きついことを言われたことがあります。

「親会社だから付き合うけど、新会社って何?」

会社が分かれただけで何も変わらないと思っていた私は正直驚きました。しかしパートナーさまからすると、「実績もない会社を信じるのは難しい」のは無理もないことかなと思えます。

そのころも大変でしたが、今までの私の経験があったからこそ、この逆境も乗り越えることができ、この新会社でさらに私は大きく成長できたという実感があります。何もない状態から新しく作り出すエネルギーは前職でのつらい経験のおかげでもありました。

(もう二度とあんな経験はしたくない)

廃材、ゴミ収集の毎日に明け暮れ、心が折れそうになったとき、私はゴミの中からも何かを学べると思い、拾っては何に使われたものかを調べたりもしました。

あのハングリー精神は今でも私の中に生きています。

無駄な苦労など何一つない! これからも私は、お客さまの住み心地の良い家を真心込めて建て、そして多くの家を建設することで、地域のみなさまのお役に立てると確信しています。

これから社会人になる方、また今、逆境で悩まれている方、私の人生を少しお話ししましたが、いかがだったでしょうか。何か一つでも参考になればと思います。長くなりましたが最後まで読んでいただき、本当にありがとうございました。

エピローグ

幸せとは感じる力のこと

現在、私は福岡県福岡市城南区にある健康住宅株式会社の専務取締役として、社内の経理、総務および人事関係の仕事に従事しながら、社員さんとの面談を繰り返し行っています。

なぜ、個人的に面談をしているのかというと、社員さん一人ひとりにも人生のドラマがあり、そして彼らの苦悩を少しでも楽にしてあげるお手伝いができたらという思いで始めた面談でした。

人事というのは、新卒採用や中途採用などのリクルーティングの他に社員の職能教育も行う部署です。社員がモチベーションを高く保ち、家族のため、仲間のために日々がんばれるようにするためにも、モチベーションが上がる人事評価制度も必要です。働き甲斐、やり甲斐が会社にあるからこそ毎日がんばれる、と私は考えます。現在、社内で新入社員研修講師、大工や幹部研修講師なども務めながら、働く意義や価値を考える時間を設けています。

最近、お金を稼ぐためだけに仕事をするという価値観の若者が減ってきているように感じます。そう考えるのは私だけかもしれませんが、私たちの会社に入社してきてくれる人たちの多くは、お金以外に働く楽しさ、生き甲斐も求めて入社を決意してくれているようです。

人間に与えられた労働というものを、義務感でやるのか、それとも楽しく生き甲斐として考え、がんばるのかでは、幸福感は全然違ってくると思います。

この本を通じて、これから社会人になる人や、現在の仕事に悩み、転職しようかと考えている人たちに、少しでも勇気や元気を与えることができたらと、私たちの会社で働いてくれている社員さんの本当にあったお話をインタビューして、まとめさせていただきました。

社員さんが自分で書くよりも、インタビューされ、人に書いてもらうことで、社員さん一人ひとりの今までの想いが湧き上がってきたように感じます。感動的なお話をいくつも聴かせていただきました。一緒に涙したことも何度もあるくらい、私自身がその人生に入り込んでいったこともありました。文章が完成し、自分の人生のこれまでの軌跡を読んで、実際にまた涙する社員さんもいました。その方はこうも言いました。

「妻もここまで私のことを知らないですよ。自分も忘れていたことです。ここまで私、本当にがんばってきたのですね。ちょっと自分が誇らしいです。そして今の会社や社長、そして仲間に本当に感謝です。これからもここでがんばっていきたいです」

社員さん一人ひとりにも人生の軌跡があると思います。感動的な人生をみなさんも送って来られていると思います。みなさんはどんなときに元気ややる気が湧いてくるでしょうか。どんなときに落ち込んでしまうでしょうか。

人生を幸せなものにするためには、まず、自分がなりたい状態を明確に描くことが大切です。そしてその人生ビジョンに向かって、毎日を精一杯計画的に生きる。快楽に負けそうになったときでも、明確な人生ビジョンをしっかりと持っていれば、それに向かう強い願望を持っていれば、きっと快楽にも打ち勝ち、ご自分の幸せに一歩一歩近づいていけるはずです。

私がインタビューした人たちは、若い方から定年近い方々までさまざまですが、みなさんに共通していることは、年のせいにしていないし、あきらめていないということです。つらいとき、苦しいときでも、自分自身を信じて、人の助けを得ながら、しっかりと前を向いて歩いてきたということです。

自分一人でなんでもできるという方もいらっしゃるとは思いますが、成功されている方は、必ず自分のまわりの協力を得ることができる人たちです。

私自身このインタビューをすることで、彼らから多くの学びを得ていると確信しています。そして新しい価値観を手に入れることで思考が拡大し、いろいろな見方ができるようになってきました。

そして、何よりも社員さんたちへの愛が一層深まりました。経営者の妻でありながら、ともに会社経営のサポートをさせていただいています。健康住宅株式会社にとっても母親のような存在でありたいと思っています。

人の人生を知ることで、経験していないことでも経験できたかのように思わせてくれるのが伝記です。ぜひ、この社員さんたちの人生を知ることで、みなさんにもっともっとより良い人生を送っていただきたいと思います。

著者記す

小《ち》さな《い》会社《かいしゃ》で本当《ほんとう》にあった心《こころ》に染《し》みる奇跡《きせき》の物語《ものがたり》

2019年4月17日　初版第1刷

著　者…………………………畑中弘子《はたなかひろこ》
発行者…………………………坂本桂一
発行所…………………………現代書林
〒162-0053　東京都新宿区原町3-61　桂ビル
TEL／代表 03(3205)8384
振替／00140-7-42905
http://www.gendaishorin.co.jp/
カバーデザイン……………吉崎広明（ベルソグラフィック）
カバーイラスト……………PA AOY/shutterstock.com
本文イラスト………………栗田真里子
編集協力……………………有限会社　桃青社

印刷・製本：広研印刷（株）
乱丁・落丁本はお取り替えいたします

定価はカバーに
表示してあります

ISBN978-4-7745-1773-5　C0030